障害の重い子どもの
発達と生活

細渕富夫

全障研出版部

は じ め に

「重い障害のある子ども」とは，どのような子どもでしょうか。一般には，「重症心身障害児（重症児）」とか，「重度・重複障害児」とか言われています。

本書冒頭，「基礎的理解」の部分に取り上げていますが，さまざまな用語で表現されてきました。学校教育では「重度・重複障害児」が用いられ，福祉（医療）行政では「重症心身障害児」が用いられています。重症心身障害児とは，重い知的障害と重い肢体不自由を併せ有する子どものことです。「重度・重複障害児」の「重複障害」とは『学習指導要領』にある「複数の種類の障害を併せ有する児童又は生徒」のことを言います。「重度」については法令に定めがなく，養護学校義務制実施を前に文部省が設置した「特殊教育の改善に関する調査研究会」による判定表に目安が示されているだけです。

いずれにせよ，本書で取り上げるのは，複数の障害を併せもち，それぞれ重度といえる子どもたちです。ここでは，とくに知的障害と肢体不自由を併せ有する重症心身障害児に焦点を当てて，その発達と教育指導，いのちの尊厳，家族と生活について記述しました。

私は，養護学校義務制実施の年に大学（教育学部）を卒業しました。学部3年になり，卒業論文で重い障害のある子どもの教育について取り上げたいと思い，国立療養所の重症心身障害児（重症児）病棟に通いはじめました。当初は，この子らの障害の重さにたじろぎ，学齢の子にはただ抱っこしてあやすようなことしかできませんでした。

すでに青年・成人期にある「寝たきり」の重症者とのかかわりには困りました。彼らの中には，脳性麻痺で，リハビリを受けることなく成長したため，関節が拘縮し下肢が棒のようになり，身体が板のように固くなった人や，話そうとすると全身をくねらせ，顔をゆがめながら不明瞭なことばで何かを伝えようとしている人がいました。私は何とか話題を作って話しかける

のですが，彼らの「ことば」の意味がわからず，気まずくなり，長続きすることはありませんでした。

　今の私なら，もう少し「受け手」としてふるまい，彼らの思いや要求を受けとめ，応答することもできると思いますが，当時の私は，やや一方的に語りかけては，通じあえないもどかしさに，肩を落として帰るしかありませんでした。

　重い障害のある子どもとのかかわりあいでは，通じあえない関係が長く続くことがあります。しかし，どんなに障害が重くてもその子なりの思いやねがいをもち，表現しています。「この子は何かを伝えようとしている」という思いで受けとめ，その子にわかりやすいやり方で返していくことが，かかわりあい（コミュニケーション）の出発点だと思っています。

　本書では，子どもたちの内面を尊重したすぐれた教育実践をいくつか紹介しました。しかし，これらは重い障害のある子どもの発達と障害を理解する一般的な法則や方法を提案するものではありません。「この子は，こうしたいのではないか」という，教師としての，あるいは親としての「仮説」をもつことで，子どもとの関係が豊かに展開していく可能性があることを示した実践ですが，けっして「即効薬」ではありません。この子を何とかしなければ，と前のめりになって取り組むのではなく，まずは「子どもの思いを受けとめること」，その中で日々の子育てや，はたらきかけの糸口が見えてくることを願っています。

2020 年 7 月

細 渕 富 夫

障害の重い子どもの発達と生活　*目　　次*

● Column

第 1 部

重い障害のある子どもを
理解する

1

重い障害のある子どもの基礎的理解

❖ 重い障害のある子どもたちの教育

　今では，重い障害のある子どもたちの姿を街中で，あるいは公園でよく見かけるようになりました。車いすに乗り家族と一緒にデパートで買い物したり，公園で日向ぼっこしたりしています。子どもたちの中には，鼻からチューブが出ている子もいます。これは栄養をとるための経管栄養チューブですが，そのチューブを止めるテープがアンパンマンの顔の形だったり，ニコニコマークが描かれていたりします。ごく自然にこの子らが家族の一員として大切にされ，生活を楽しんでいるように見受けられます。

　重い障害があっても家庭で生活し，地域の特別支援学校や児童発達支援センターに通学（通園）バスで通う重症心身障害児（重症児）。学校卒業後も在宅生活を続け，日中活動としてさまざまな福祉サービスを活用しながら作業所等に通う重症心身障害者（重症者）。彼らのこうした姿は，現在ではごく当たり前の身近な風景となりましたが，ここに至るまでには家族や関係者による苦難の歴史がありました。

　重い障害のある子どもたちに対する学校教育は，1979（昭和54）年の養護学校教育の義務制実施から本格的に取り組まれはじめました。それ以前は，その障害の重さゆえに，就学猶予・免除措置★がとられ，学校教育の対象とはされていませんでした。彼らは教育を受ける機会を奪われたまま家庭で，あるいは施設や病院で生活していました。

　1960 年代の後半から 70 年代にかけて，不就学のまま在宅生活を余儀なく
されている子どもの家庭の実態を調査した在宅不就学児実態調査が全国各地
で取り組まれました。それらの調査によると，当時在宅とされた障害の重い
子どもたちの死亡率は障害のない子どもと比べてきわめて高いものでした。
亡くならないまでも閉じ込められた生活の中で，生活空間が狭められ，生活
時間も単調になるため，発達の基礎条件が貧困になります。その結果，子ど
もたちの発達は停滞・退行を余儀なくされ，いのちさえ奪われてしまってい
る事実が判明しました。

❖ 重度・重複障害児とは

　1960 年代後半，養護学校義務制以前に開校した養護学校では次第に子ど
もたちの障害の重度化，重複化の傾向が見られるようになりました。それま
で就学猶予・免除を受けていた重い障害のある子どもたちの存在が社会的に
認知され，この子らにも教育を保障すべきだという「不就学をなくす運動」
が大きなうねりとなっていきました。障害が重ければ重いほど学校教育から
排除され，福祉からも見放されてしまうという現実に対して，不就学をなく
し，障害のある子どもに権利としての教育を保障しようとする運動が全国的
に広がっていきました。

　教育権保障を求める運動の高まりは 1979 年の養護学校義務制実施として
結実しました。養護学校（特別支援学校）の義務化にあたって，文部省が設
置した「特殊教育に関する調査研究会」による報告「重度・重複障害児に対
する学校教育の在り方について（報告）」（1975 年 3 月）で「重度・重複障
害」という用語がはじめて用いられました。この報告では，「重度・重複障

★　就学猶予・免除：学校教育法第 18 条〔病弱等による就学義務の猶予・免除〕は，病弱，発育
　不完全その他やむを得ない事由のため，就学困難と認められる子どもの保護者にたいして，市
　町村教育委員会は保護者の就学させる義務を猶予または免除することができると定めている。
　1960 年代まで 2 万人以上がこの措置を受けていた。子どもの教育を受ける権利（憲法第 26 条）
　を保障するための養護学校義務制以降，減少した。

害児」の判定にあたっての検査項目を例示し，その検査にしたがって，以下に該当する者をおおむね「重度・重複障害児」としました（**表1**）。

　①「障害の状況」において，〔学校教育法施行令に規定する盲・聾・知的障害・肢体不自由・病弱の各障害等を〕2つ以上あわせ有する者

　②「発達の状況」からみて，精神発達が著しく遅れていると思われる者

　③「行動の状況」からみて，特に著しい問題行動があると思われる者

　④「発達の状況」「行動の状況」からみて，精神発達がかなり遅れており，かつ，かなりの問題行動があると思われる者

　①の障害を2つ以上あわせ有する者とは，いわゆる重複障害児のことです。

　研究や映像が公にされている記録としては，1950（昭和25）年に，山梨県立盲学校において盲・聾の重複障害児2名を入学させ，彼らを対象として梅津八三らによって行われた実験教育が，初期の重複障害児教育として有名です。その後，盲学校や聾学校において，熱意ある教師によって，盲・聾の重複障害児，盲・知的障害の重複障害児，聾・知的障害の重複障害児を対象とした教育が積み重ねられてきました。

　②の「発達の状況」では，学校教育法施行令の規定や身辺自立，運動機能，社会生活の程度を把握します。③の「行動の状況」では，破壊的行動や多動傾向，異常な習慣，自傷行為，自閉性，反抗的行動等の有無を把握します。これらを総合的に判断して「重度・重複障害児」としています。

　表1のように，障害の重い子どもの発達状態を，特定行動について「できる」「できない」といった単純な尺度で評定することには問題があります。そもそもこの検査項目（評価表）の行動の有無や能力の程度が，どのような条件のもとで把握されるべきなのかが全く示されていません。行動や能力のプラス，マイナスで評価すれば発達の診断ができるわけではありません。ある検査やチェックリストで何かができるということが確認できたら，それだけでその子の力がわかったと考えるわけにはいきません。どんな状況で，どういう関係性でできるのか，応用する力をともなっているのかなどを確かめ

表1　　重度・重複障害児の判定にあたっての検査項目例

1. 障害の状況（学校教育法施行令第22条の2に規定する障害をもっているかどうか）

ア　盲　　イ　聾　　ウ　知的障害　　エ　肢体不自由　　オ　病弱	（疾病の状況）

2. 発達の状況（次に示すような身辺自立，運動機能，社会生活の程度は，どの程度か）

		（発達の状況をチェックする具体的行動の例－次のような行動ができるかどうか）		
（1）身辺自立	ア．食事	・スプーンで食べ物を運んでやると食べられる	・手でどうにかつかんで食べられる	・スプーン等を使ってどうにか一人で食べられる
	イ．排泄	・排泄の処理をしてもらう時静かにしている	・汚すと知らせる（おむつをしている）	・排泄の予告ができる
	ウ．衣服	・衣服をきせてもらうとき静かにしている	・衣服を着せてもらう時手や足を出す	・衣服を一人でどうにか脱げるが，一人で着ることはできない
（2）運動機能	エ．大きな動作	・支えなしで座れる	・つかまり立ちできる	・5,6歩いて立ち止まれる
	オ．小さな動作	・手から手へ物を持かえられる	・指先で物がつかめる	・クレヨンなどでなぐり書きができる
（3）社会生活	カ．言語	・人に向かって声を出そうとする	・意味のある単語が2,3個言える	・意味のある単語が数個いえる
	キ．反応	・自分の名前を呼ばれると反応できる	・身近な物の名前がわかる	・簡単な指示が理解できる
	ク．対人関係	・知らない人にも関心を示す	・人の関心をひくための動作ができる	・特定の子供といっしょにいることができる

3. 行動の状況（次のような問題行動があるかどうか）

	（行動の状況をチェックする具体的行動の例―次のような問題行動が著しいかどうか）
ア．破壊的行動	他人に暴力を加えたり，器物を破壊するなど破壊的傾向がある
イ．多動傾向	まったくじっとしていないで，走り回ったり，とびはねるなど多動傾向がる
ウ．異常な習慣	異物を食べたり，ふん尿をもてあそぶなど異常な習慣がある
エ．自傷行為	自分を傷つけたり，着ている衣服を引きさくなど自傷行為がある
オ．自閉症	自閉的でコミュニケーションが成立しない
カ．反抗的行動	指示に従うことを拒んだり，指導者に敵意を示すなど反抗的行動がある
キ．その他	その他，特別の問題行動がある

上記の検査に従い，おおむね次のような者が重度・重複障害児と考えられる

a．「1　障害の状況」において，2つ以上の障害をもっている者
b．「2　発達の状況」からみて，精神発達が著しく遅れていると思われる者
c．「3　行動の状況」からみて，特に著しい問題行動があると思われる者
d．「2　発達の状況」，「3　行動の状況」からみて，精神発達にかなり遅れており，かつ，かなりの問題行動があると思われる者

る必要があります。

　その後この評価表が学校現場で広く用いられることはありませんでしたが，教育実践を進めるためには障害の程度，生活状況，そして発達の視点などいくつかの角度から実態を把握していく必要があります。

　ここで注意しておきたいことは，「重度・重複障害」という用語は，法令や学習指導要領では用いられていないという点です。学習指導要領では，「重複障害者」となっています。

◈ 特別支援教育への転換と「重度・重複障害」

　学校教育法改正（2006年）によって，2007（平成19）年度から「特殊教育」から「特別支援教育」が本格的にスタートしました（**図1**）。特殊教育から特別支援教育への転換への背景要因のひとつに，従来の盲・聾・養護学校に在籍する幼児児童生徒の障害の重度・重複化，多様化への対応があります。この特別支援教育への転換によって，学習指導要領上の「重複障害者」とは，それまでの「当該学校に就学することとなった障害以外に他の障害を併せ有する児童または生徒」から，「複数の種類の障害を併せ有する幼児児童又は生徒」と変わりました。原則的には，「重複障害者」とは，学校教育法施行令第22条の3において規定されている程度の障害を複数併せ有している者を指します。

◈ 重症心身障害児（重症児）とは

　医療・福祉の分野では，障害の重い子どもたちについて，「重度・重複障害児」ではなく，歴史的に「重症心身障害児」という用語が用いられてきました。そもそも1960年代の初めには，上記のように障害が重複し，ほぼ「寝たきり」の状態にある子どもたちに対する名称さえ決まっていませんでした。「重複欠陥児」，「不治永患児」，「多障害児」等，さまざまな名称で呼

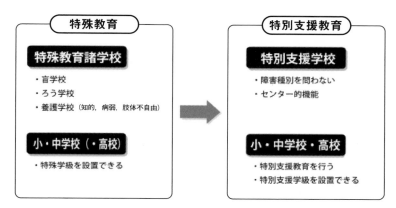

図1　特殊教育から特別支援教育へ

ばれていました。当時，重度の知的障害と運動障害を併せもつ子どもは，治療の見込みがないということで医療から見捨てられ，重い子の生活指導はできないということで福祉施設からも排除されていました。いわば「法の谷間」に置かれていたのです。

　そうした中で関係者が集まり，「重症心身障害児」という名称で呼ぶことに決め，「法の谷間」に置かれた子どもたちのための施設づくり運動を展開しました。小林提樹★，糸賀一雄★らの献身的努力により，東京都に島田療育園（1961年），滋賀県にびわこ学園（1963年）が開設され，日本初の重症心身障害児施設が誕生しました。島田療育園等は，制度上は病院として認可を受けたものであり，重症心身障害児を入院させる施設（病院兼施設）として運営されました。これらのことは，□6で詳しくふれます。

　障害の重い子どもたちは「寝たきり」の子どもと呼ばれていますが，びわこ学園では，実は自分たちが「寝かせきり」にしているのではないか，子どもからすれば「寝かされている」だけではないか，職員はこう問い直しなが

★　小林提樹：1908〜1993。長野県出身。慶應義塾大学卒。小児科医。日赤産院に勤務していた当時，退院できない障害の重い子どもたちの問題に出会い，島田療育園（現・島田療育センター）初代園長となった。
★　糸賀一雄：1914〜1963。鳥取県出身。京都帝国大学卒。滋賀県庁に勤務していた当時，戦災孤児問題に取り組むなかで，滋賀県立近江学園の設立に注力。初代園長となった。

ら，健康なからだをつくり，生活リズムを整えることを大切にした取り組み
を進めました。こうした働きかけを通して，職員はこの子らに快適な状態を
作りだし，健康を増進し，いのちを強めていくことの大切さを学んだので
す。

❖ 重症児施設の整備

　1967 年の児童福祉法改正により，重症心身障害児施設（重症児施設）が
法制化されました。当時設置されていた重症児施設は，全国で 11 か所
（1,200 床）でしたが，これに国立療養所★ 10 か所（440 床）を合わせて，21
か所が整備されました。法制化後は公・法人立の施設が増加し，1975 年度
には国立療養所は当初計画どおり 80 か所（8,080 床）の整備を完了し，
公・法人立施設は 38 か所（4,299 床）となりました。

　なお，2019 年 4 月現在，公・法人立重症児施設は，135 か所（13,732 床），
国立病院機構等の重症児病棟は 74 か所（8,087 床）となっています（日本
重症心身障害福祉協会・国立病院機構調べ）。そして現在，重症心身障害児
（者）の人数は全国で約 43,000 人と推計されています。

❖ 重症児の定義と分類

　重症児と呼ばれている子どもたちは，原因にかかわらず，知的にも運動的
にも重い障害のある子どもたちです。「重症心身障害」とは医学的用語，診
断名ではなく，すでに述べたように施設づくりの必要から作られた，社会行
政上の用語です。原因も症状もバラバラで多様ですから，重症児の状態像を

★　国立療養所：戦前，傷痍軍人のための陸軍・海軍病院・療養所として，また蔓延する結核に対
する療養所として，国によって各地につくられた。戦後は，国民の医療施設として，とりわけ
結核対策の中核的役割を担う。結核患者の減少後，1963 年度から一部を重症心身障害児病棟，
筋ジストロフィー患者病棟とすることとなった。なお，2004 年，独立行政法人国立医療機構傘
下の各病院・医療センターに再編され現在に至っている。

トータルに示すことは困難です。

　「知的にも運動的も重い障害」とはどのような状態でしょうか。国が重症児の施設整備を進めるためには，他の児童福祉施設との違いを明確にし，彼らの状態像について具体的な指針が必要になりました。

　制度上病院として出発した島田療育園では，多くの看護・介護職員が必要でしたが，それに見合う医療費収入が得られるわけもなく，その運営は困難をきわめました。そこで，厚生省（当時）は重症児施設の運営費を補助するために，びわこ学園の完成を待って 1963（昭和 38）年 7 月，事務次官通知「重症心身障害児療育実施要綱」を出しました。これにより島田療育園とびわこ学園は国の指定する重症心身障害児施設となりました。発足当時，島田療育園は 101 床，びわこ学園は 40 床でした。

　この通知では，重症児を「身体的精神的障害が重複し，かつ重度である児童」と定義しました。具体的な状態像は重症児施設入所対象選定基準に示されました。その後，先にふれたように，1966（昭和 41）年には国立療養所に重症児病棟を設置することとし，それに伴い厚生省は事務次官通知で，重症児を「身体的・精神的障害が重複し，かつ，それぞれの障害が重度である児童および満 18 歳以上の者（重症心身障害児（者））」と定義しました。さらに 1967（昭和 42）年の児童福祉法改正により重症心身障害児施設が法定化され，その入所対象として「重度の知的障害及び重度の肢体不自由が重複している児童」と定義されました。この定義は変更なく現在まで続いています。

　臨床的な状態像が多様な重症児ですが，施設入所にあたってはある程度区分して把握する必要があります。1968（昭和 43）年，東京都立府中療育センターの大島一良は重症児施設への入所候補児を選定するときの判断基準とする分類表を作成しました。これは「大島の分類」と呼ばれています。この区分表は，知能指数を縦軸，運動機能を横軸として，それぞれ 5 段階に分けて，25 通りに分類しました（**図 2**）。表の区分 1 〜 4 が重症児の基準とされました。ただし，入所に当たっては分類 5 〜 9 に該当するものであっても医

学的管理等が必要な場合には入所可能でした。そのため，区分5～9に該当する子どもは「周辺児」と呼ばれました。この大島の分類はわかりやすく実用的であることから，事例研究の対象児の記述などで，現在でも汎用されています。近年では，「大島の分類」を改良し，その縦軸，横軸をさらに細かく区分した「横地の分類」（横地，2015）も提案されています。

❖ 「超重症児」の登場

　同じ大島の分類1であっても，子どもによって必要とされる医療行為が全く異なる場合が少なくありません。何ら医療行為がいらない重症児もいますが，痰の吸引が頻回であったり，気管切開部の管理が必要であったり，経管栄養で食事を注入する必要があったりすると，看護師の業務が増え，看護師を増員すれば経費がかさみ経営を圧迫することになります。これが診療報酬に反映されれば病院経営（施設経営）は安定します。そこで医療行為をスコア化し，一定のスコア（25点）以上の重症児を「超重症児」とし，診療報酬に超重症児者加算（200点：2000円／日）が設定されるようになりました。2014年には，加算が400点に改定されています。

　このように，従来の機能障害に基づく重症児概念では対応できない濃厚な医療的ケアが必要な重症児グループとして，「超重症児」概念が登場しました。この子らは医学的管理下に置かなければ，呼吸をすることも栄養を摂ることも困難な状態にある重症児です。

❖ 超重症児の区分

　1990年代以降，わが国の周産期・新生児医療の発展はめざましく，世界でもトップクラスにあります。医療の進歩により1,000g未満で生まれた超低出生体重児（後述，⑩）の生存も可能になってきました。新生児医療の救命率は世界一ともいわれており，全国で新生児集中治療室（ＮＩＣＵ）★の

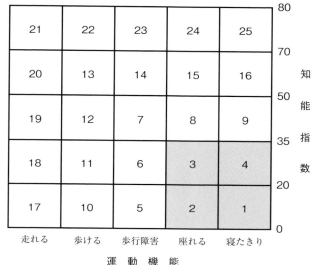

運　動　機　能

（1～4＝定義上の重症児、5～9＝周辺児）

図2　大 島 の 分 類

整備が進められています。いのちを救われた子どもたちの中には，その後元気で生活できる子どももいますが，障害があり，高度な医学的管理が必要な子どもも少なくありません。かつてはとても生きてはいけないと思われたような重篤な重症児が増加してきています。

　彼らが生きていくためには，人工呼吸器や気管切開，頻回の痰の吸引などの呼吸管理，経管栄養などの栄養管理など，高度な医療と濃厚な介護が継続的に必要になります。こうした重症児を施設で受け入れた場合，人手と経費がかさみ運営が困難になることから鈴木康之らは，前述のようにこのような重症児を超重症児と呼び，国に対し診療報酬の加算を求めました。現在，超重症児入院診察加算として保険医療で定められている超重症児（者）の判定基準を**表2**に示しました。

★　NICU（新生児集中治療室）　Neonatal Intensive Care Unit の略。

表2　超重症児(者)スコア

```
1. 運動機能：座位まで
2. 判定スコア
    (1) レスピレーター管理                              10
    (2) 気管内挿管・気管切開                             8
    (3) 鼻咽頭エアウエイ                                5
    (4) O2吸入またはSpO2 90%以下の状態が10%以上           5
    (5) 1回/時間以上の吸引                              8
        6回/日以上の吸引                               3
    (6) ネブライザー
        6回/日以上または継続使用                         3
    (7) IVH                                       10
    (8) 経口摂取(全介助)
        経管(経鼻・胃ろう含む)                           5
    (9) 腸ろう・腸管栄養                                8
    (9') 持続注入ポンプ使用                             3
    (10) 手術, 服薬でも改善しない過緊張で
         発汗による更衣と姿勢修正を3回/日以上              3
    (11) 継続する透析                                 10
    (12) 定期導尿3回/日以上                            5
    (13) 人工肛門                                     5
    (14) 体位交換6回/日以上                            3
```

※基準：超重症児(者)　　25点以上
　　　準超重症児(者)　　10点以上

　呼吸管理, 食事機能, 他の項目を点数化し, 判定スコアの合計が25点以上の者を超重症児(者), 10点以上25点未満の者を準超重症児(者)と規定しています。この規定では, 運動機能は「座位まで」としているものの, 知能については規定がなく, 知的障害のない児(者)も超重症児(者)に含まれるため, 超重症児(者)であっても, 重症児(者)ではない場合もあります。

引用・参考文献

・文部省(1975)重度・重複障害児に対する学校教育の在り方について(特殊教育の改善に関する調査研究会報告)
・大島一良(1971)重症心身障害児の基本問題. 公衆衛生, 第35巻, 648 - 655ページ
・鈴木康之他(2008)超重症児の判定について：スコア改訂の試み. 日本重症心身障害学会誌, 第33巻3号, 303 - 309ページ

Column ①　盲ろう二重障害児の教育

　戦後，日本国憲法には，すべての国民に教育を受ける権利があることが書き込まれました（第26条）。視覚障害児のための盲学校は小学校・中学校より1年遅れて，1948年度から義務教育となります。山梨県立盲学校（当初は盲唖学校）校長の堀江貞尚は，県内の視覚障害児ができるだけ就学できるよう，山村にも出向いて調査を行いました。その中で出会ったのが，視覚障害と他の障害をあわせもつ5人の重複障害児でした。堀江はその中から「教育可能」と判断した盲ろう二重障害の男児・忠男の指導を開始，1950年に入学させました。翌年，忠男への取り組みを知った横浜市の福祉関係者の申し入れによって，女児・成子が入学します。

　ろう教育の方法や外国の二重障害児の経験にもとづいて指導を開始したものの，すぐに行きづまってしまいました。ちょうど学校を訪れた心理学者・梅津八三（東京大学）は，忠男らへの指導を見学し，つよい関心をもちました。東京に戻って，さっそく「盲聾唖教育研究会」を立ち上げて，言語の獲得や形の弁別過程などの心理学研究の知見にもとづき，継続して指導方法の開発に取り組みはじめました。1952年のことです。

　忠男と成子は点字や指文字，発声などを身につけて，1960年には教科学習に取り組むようになります。

　1960年に入学した男児・一則を加えて，三人の盲ろう児への指導の記録は，映画『盲ろう児―その教育』（脚本・監督　徳永満夫，1965年）として残されています。

・横地健治（2015）重症心身障害児（者）の療育と理解．岡田喜篤監修『新版重症心身障害児療育マニュアル』，2‐15ページ，医歯薬出版

2

コミュニケーションの基盤をつくる

❖ 特別支援学校の朝

　いまでは，重症児たちはみな，6歳になったら学校に入学します。

　ある日の特別支援学校。朝9時前に何台ものスクールバスが玄関脇の車寄せに到着します。そこには多くの先生が並んでバスの到着を待っています。先生が手を振ると，バスの窓越しに子どもたちの笑顔が見えます。学校に来たことがわかるのです。バスのドアが開き先生が乗り込むと，担任を見つけた子どもの笑顔はさらに輝きます。しかし，通学時間が長かった子でしょうか，座席で眠ってしまい，起こされながら車いすのままバスを降りていきます。

　これはどこの肢体不自由特別支援学校でも見られる朝の風景です。先生たちは一人ひとりに「おはよう」「調子よさそうだね」「元気ですか」等のことばをていねいにかけています。子どもたちは「ことば」はわからなくても，抱っこされた感触，シャンプーのにおい，耳になじんだ声のトーン等で先生の存在を知り，学校に来たことがわかるようです。こうして子どもたちは各クラスに移動し一日が始まります。教室への移動中も先生たちのことばがにぎやかに飛び交っています。ありふれた朝の一コマですが，このとき子どもたちと先生たちとの間にはさまざまなレベルでコミュニケーションが成立しています。

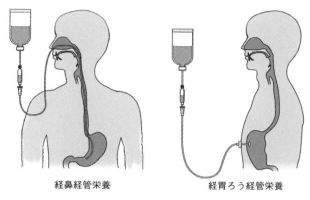

経鼻経管栄養　　　　　　　経胃ろう経管栄養

図3　医療的ケアの例

❖ コミュニケーションがとれない？

　長期にわたり継続して濃厚な医療的ケアを必要とする重症児が増えています。この子らにとっては，痰の吸引，経鼻経管栄養，胃ろうからの経管栄養などは生活の一部になっています（これらは「医療的ケア」と呼ばれます。図3）。加えて，てんかん発作をおさえる服薬等の影響があるため，この子らの教育活動に相当な困難が伴うことは，想像に難くありません。

　特別支援学校で障害の重い子どもとかかわるとき，教師が最も悩むことは「ことばがなく」「反応が乏しい」ため，子どもと通じ合えず「どのように働きかけたらいいかわからない」ということだと思います。しかし，「反応が乏しい」からといって，その子が「何も感じていない」「何もわかっていない」とは言えません。事実，こうした子どもたちの母親に尋ねると，ほとんどの母親は「私をわかっている」と答えます。これを母親のそうに違いないという「思い込み」やそうあってほしいという「ねがい」や「期待」にすぎないと切り捨ててしまうことは簡単ですが，およそ子育てという営みが「思い込み」，「ねがい」や「期待」なしに行われているとは到底思えません。私は，母親をはじめとする養育者の「ねがい」や「期待」がその子の思いを受

け止め，共有・共感関係をつくりだし，その子の主体性を高め，豊かなコミュニケーションにつながっていくと考えています。

　「反応が乏しい」とか「通じ合えない」という事態は，子どもの側の「コミュニケーション能力に問題がある」からだ，と言う人もいますが，コミュニケーションはそもそも二者関係において生じることですから，その原因は子どもの側の要因だけでなく，かかわろうとする教師の側の要因も含めて分析しなければなりません。

❖ 内面に寄り添い，主体性を育てる

　重い障害があることによってコミュニケーションがとりにくくなるという状況を，子どもの立場から整理してみましょう。

　ひとつは，自分がいる周囲の情報を受けとめ，行動を調整することが難しいという問題です。冒頭に記した特別支援学校の朝の風景に見られるように，この子らの一日の生活の流れの特徴は，もっぱら他動的に動かされている，ということです。家から車いすでバス停へ，通学バスに乗せられて学校へ，また車いすに乗せられて廊下を通って自分のクラスに入ります。そして朝の健康チェックのあと朝の会が始まります。音楽や体育の授業もあり，子どもの状態にもよりますが，一日何度も動かされています。移動すること，水分や食事を摂ること，着替えること，おむつを交換することなど，基本的な生活のほぼすべてを周囲の大人の介護に頼っています。動かしにくい身体をもった彼らの一日は，基本的に他者によって動かされる受け身の生活の連続と言ってもよいでしょう。その結果，子どもの周囲はめまぐるしく変化していくことになります。外界の変化を受け止めることが苦手な子どもたちにとっては，すべてが「いきなり」ということになります。もちろん，ていねいなかかわりを心がけている先生ならば，本人の思いを確認する，尋ねるようなことばかけをしているかもしれません。

　「今どこにいるのか」「次はどこにいくのか」「かかわっているのは誰か」

「今，何をするのか」「いつ終わるのか」，こうしたことがわからない生活は
とても不安なものです。ひとつひとつの活動に，子どもの視点に立ったてい
ねいな「ことば」が必要なのです。子どもに伝わることを期待して，「次は
体操だから，体育館に行くよ」「散歩に行こうか」「次はタイコをたたくよ」
とことばをかけていくことによって，子どもたちは外界の変化を受けとめる
準備ができるのです。こうしたかかわり方の基本には，子どもの主体性への
深い信頼とともに，子どもの内面へ寄り添おうとする姿勢があります。

❖ かすかな表出を受けとめる

　もうひとつの問題は，脳性麻痺等により随意運動★に大きな制限を受けて
いるため，自分の思いや要求をうまく表出できず，周囲の人に正確に受けと
めてもらうことが難しいという問題です。この子らは「次はボクがやりた
い」「背中が痛い」「もうイヤだ」といった思いや要求があっても，運動制限
等により表面的には表情も含め身体運動が乏しく，かかわろうとする大人に
その思いがうまく伝わらない場合があります。

　また，重い運動障害により，目を動かすこと（眼球運動）も含めほとんど
全身の運動機能が麻痺している子どもの場合には，たとえ認識のレベルが比
較的高く初歩的な概念形成も可能な豊かな内面世界を有していても，何も伝
えることができません。表面的には「何も感じていない」「何の要求もない」
かのように見えます。何かを伝えたい気持ちがあっても，その何かが自分で
も今ひとつはっきりしない子どももいます。本当はとても困っていて何とか
してほしいのに，それが自傷行動や不随意運動になってしまい，制止・抑制
されるだけで終わってしまうこともあるのではないでしょうか。

★　随意運動：本人の意思で身体を動かすこと。これに対し，本人の意思とは無関係に身体に異常
　な運動が起きることを不随意運動という。

❖ 発達初期のコミュニケーション

　ある特別支援学校の朝の会に参加しました。車いすに乗った子どもたちが輪になっています。ＢＧＭにのって担当の教師が順に名前を呼んでいきます。「イノセ　ユカちゃん」「ユカちゃんはどこにいますか」と子どもたちに問いかけます。首を動かせる子は周囲を見回します。教師は返事を待っていますが，ユカちゃんから応答の返事はありません。身体の動きもそれと認められるものがありません。そこでユカちゃんの隣にいた教師がユカちゃんに代わって「ハーイ」と言いながらユカちゃんの右手を挙げていました。

　この場面のビデオを後でゆっくり見返したところ，ユカちゃんは自分の順番がくる前に表情が固まり，順番が過ぎたところで表情が和らぎ，視線が泳いでいることがわかりました。ユカちゃんは自分の番がわかっていたようです。順番がわかっているからこそ，緊張が高まり返事ができなかったのだと思います。そのことを教師たちに伝えると，担当の教師は，「そうなんです，ユカちゃんはやりたい気持ちが高まると身体の緊張が強くなり，やりたくてもできないことがあるんです」と，すでに気づいていました。隣の教師はその気持ちを受けとめて，代わりに返事をし，手を支えて挙げていたとのことでした。

　別の日には家庭への訪問教育にも同行させていただきました。シュウヘイ君は小学部2年生で気管切開をしていて数分おきに痰の吸引が必要な子です。担当の教師は，まずは呼吸が楽になるように痰の吸引に取り組みました。一定の研修（3号研修）★を受けてはいましたが，その場でお母さんに教えてもらい，ビクビクしながら吸引に取り組みました。最初の頃は，苦しそうにしているシュウヘイ君を見るのが怖くてオドオドしながらやっていたのですが，お母さんから「先生がオドオドしていると，シュウヘイも怖がる

★　3号研修：医療や看護との連携による安全確保が図られているという条件の下で，介護職員や学校教職員等が痰の吸引などの医療的ケアを実施できるよう受講する研修。研修終了後，学校において，特定の子どもに対して認定されたケア（痰の吸引・経管栄養）を実施することができる。2012年度から始まった。

よ」と言われ、緊張が伝わらないように落ち着いたことばかけをしながら取り組んできたそうです。当日も、先生はまずシュウヘイ君に頬ずりしながら「先生が吸引するよ、いい？」と尋ねてから、ちょっと間をおいて、「ゴメンね、苦しいよね」「今、楽になるからね」などと言いながら吸引を始めました。吸引が終わると、シュウヘイ君のホッとしたような気持ちが表情の変化から伝わってきました。

　こうしたエピソードを通して、発達初期のコミュニケーションは「気持ちを受けとめる」「感じ取れる」「伝わってくる」といった関係性が基盤となっていることがわかります。この段階では、まだ伝達的な機能をもたない微弱な表出を教師が意味ある表現として受けとめて、返しています。表面的には一方通行、ひとり芝居のように見えますが、教師が「受け手」としてふるまうことによりかろうじて維持されているコミュニケーションです。わずかな表出を受けとめてくれる他者（養育者、教師）がいて、両者の間に快の情動交流（心地よさ）が生まれることにより、明確な意図をもった表現が育まれるのだと思います。

❖ 体験の共有ということ

　子どもの「気持ちを受けとめる」というのは、母親や教師が一方的に子どもの内面を「解釈する」というものではありません。「それは先生の主観でしょ」と言われれば、それを否定することはできません。ただ、この「主観」は子どもの「気持ちをわかりたい」と思った教師が子どもと体験を共有することによって、教師の意識に映しとられたものです。そこには教師の「こうなってほしい」という子どもへの「ねがい」や「期待」が入り込みますが、それも体験の共有を基盤としたものです。その意味で教師の「ねがい」や「期待」は単なる「主観」として排除されるべきものではなく、「体験の共有」ということの産物として尊重されるべきものです。生きている以上、何らかの欲求はどの子にもあるのであって、その微弱な欲求を受けとめ、共

有・共感関係を通して，より確かな「学びへの欲求」へと育てていくことが大切なのだ，と私は思っています。子どもの「思い」は，主観—客観の枠組みを超えて，子どもの内面に寄り添い，子どもに尋ねながらつかみとっていくべきものです。

❈ 仲間とともに過ごす時間をつくる

　コミュニケーションは，教師と子どもとの間だけではなく，子ども同士のかかわりについても意識的に取り組むことが大切です。埼玉の特別支援学校教師，竹脇真悟さんは，障害の重い子どもたちは自発的な動きが少ないため大人の援助が必要になり，教師はしばしば常に一緒に行動しようとしがちだとしたうえで，「私はあえて大人がかかわらない時間をつくることが大切だと思っています。わずかに見える自発行動を，その子なりのかかわり方のペースとみたいのです」と述べ，「登校後や給食前，給食後など取り組みの合間に，子ども同士がかかわれるよう隣りあって横になって」過ごす時間をつくりました。あるとき，少し泣きべそをかいていたたいちくんの声を聞きつけたいつきくんが顔を向けようとがんばると，たいちくんの腕を引っ張る形になってしまったそうです。誰がやっているのか見ようとするたいちくんといつきくんの目が合い，二人は嬉しそうにお互いに声を出し，まるで会話をかわしているかのような場面になったそうです。

　これは偶然のできごとかもしれませんが，授業以外のちょっとした休み時間に彼らのペースで友だちとかかわりあえる場面を意図的につくっていくことが，自分から主体的に働きかけていく力を育てることにつながるのではないでしょうか。

　こうしてみてくると，重症児の教育をすすめようとするとき，子どもの情動面，身体・運動面での初期発達について学ぶことが大事だということがわかります。

Column② 脳性麻痺（cerebral palsy,CP）

　手足やからだが思うように動かせない状態を「麻痺」といいます。麻痺の原因はさまざまで，大まかにいうと，運動を司る脳（運動中枢）なのか，脳からの命令を伝える神経なのか，さらには身体を動かす筋肉や骨なのかによって，麻痺の状態は異なります。

　脳性麻痺（マヒと書くことも多い）は，運動中枢になんらかの障害が生じたことによる運動麻痺です。話をすることは口を意図的に動かしますので，脳性麻痺は言語障害を伴うこともあります。

　1968年，厚生省の研究班によって，つぎのように定義されました。
「受胎から新生児期（生後4週間未満）の間に生じた脳の非進行性病変に基づく，永続的な，しかし変化しうる運動及び姿勢の異常である。その症状は2歳までに出現する。進性疾患や一過性運動障害または正常化するであろうと思われる運動発達遅滞は除外する。」

　この定義から，新生児期までの脳の障害によって2歳までに発現する運動障害の総称といえます。筋緊張の状態から，不随意運動型（アテトーゼ）や痙直型（スパスティック），低緊張型などに区分されますが，それぞれに胎児期から周産期のいずれの時期に脳が障害を受けたかにかかわっています。

引用・参考文献

・細渕富夫（2018）障害の重い子どものコミュニケーションの力を育てる．肢体不自由教育，235号，4-9ページ
・茂木俊彦（2007）障害児教育を考える．岩波新書
・竹脇真悟（2014）いのちを育み，からだをつくる．猪狩恵美子・河合隆平・櫻井宏明編『テキスト肢体不自由教育─子ども理解と教育実践』111-120ページ，全障研出版部

3

コミュニケーション欲求を育む
——関係発達論を越えて

　発達初期のコミュニケーションでは，「気持ちを受けとめる」「感じ取れる」「伝わってくる」といった関係性が基盤になっています。そしてこのコミュニケーションの成立・維持には教師がコミュニケーションの「受け手」としてふるまうことが大切です。

　子どもにとって意味のある結果ややりたいことを受けとめ，広げてくれる，すぐれた「受け手」である教師との間でこそ気持ちの共有・共感が育まれるのです。このような気持ちの通じ合いとしてのコミュニケーションが子どもと教師との関係性を強め，信頼関係を形成していきます。こうした特徴をもつ発達初期のコミュニケーションを，鯨岡峻は「原初的コミュニケーション」と呼んでいます（鯨岡，1997）。ここでは，鯨岡の「原初的コミュニケーション」の意義と展開，それと関連する「関係発達論」（鯨岡，1999）が内包する問題をとりあげて考えてみたいと思います。

❖ 原初的コミュニケーション——子どもに尋ねるということ

　鯨岡は原初的コミュニケーションを次のように定義しています。

　　　「主として対面する二者のあいだにおいて，その心理的距離が近いときに，一方または双方が気持ちや感情の繋がりや共有を目指しつつ，関係を取り結ぼうとするさまざまな営み」（鯨岡，1997）。

　原初的コミュニケーションとは，もともとは発達の初期段階に現れる「コミュニケーションの原初の形」という意味ですが，鯨岡の定義には「発達初期」という限定はついていません。これは親しい関係の人同士，恋人同士のような親密な二者関係一般においても，気持ちや感情の繋がりが目指されている限りでは，そこでのコミュニケーションもこの定義に含まれているということです。つまり原初的コミュニケーションは，発達初期に限定されず，親しい関係の二者でも気持ちを通じ合う形のコミュニケーションがあり，それは言語的コミュニケーションの土台として普遍的に機能しているということです。

　重症児教育におけるこうしたコミュニケーションの意義について，茂木（2007）は「子どもに尋ねる気持ちになる」と表現して，次のように述べています。

　　「教師は子どもと向かい合い，働きかけながら，子どもが発するささやかなサインに気づき，それが子どもの内面で生起している何を表現したものなのかを知りたいと思う。…中略…サインに気づき，サインの意味を分かろうとするときにも，子どもの障害や発達の状態を無視してかかるわけにはいかない。いやむしろ，それらに阻まれてうまくいかないことのほうが多いかも知れない。しかし，教師は自らの感受性を高め，想像力に磨きをかけていくことによって，この困難を乗り越えて子どものことを分かろうとする。その努力を端的に表現してみると，それは『子どもに尋ねる』ということであると思う。」

　明確な応答が認められない子どもへの働きかけでは，多くの教師は働きかけに先だって問いかけています。「だっこするよ，いい？」とか「次は○○君，やる？」とか尋ねます。まだことばの理解が難しいと思われる子どもにもことばで働きかけます。ことばは単に意味を伝える記号ではありません。

ことばを発する教師の思い，表情，身体の動き，声の抑揚，すべてがことばに伴って伝えられているのです。その力動感のある複合的な働きかけが，「尋ねる気持ち」として子どもの内面をゆさぶり，応答を促す契機となるのです。

❖ 子どもが主導するコミュニケーションへの展開

　原初的コミュニケーションでは，子どもの伝達意図がはっきりとしない発信を，受ける側（教師）が「こうではないか」という思い（受け手効果）で受けとめて，応答的にふるまいます。こうしたふるまいを繰り返すことによって，ある程度子どもとの間で気持ちを共有できるようになります（一緒に笑ったり，ハラハラ，ドキドキしたりする）。しかし，まだこのコミュニケーションを主導しているのは教師です。

　受け手としての教師によってかろうじて形づくられたコミュニケーション関係から，子どもが主導するコミュニケーション関係への展開を促すのが，前述の「子どもに尋ねる」という働きかけです。教師が「だっこするよ，いい？」と問いかけ，そこでひと呼吸おいて子どもの応答を確認しながら実際にだっこします。問いかけの次に「間」をおくことによって，子どもの応答への期待を示していると同時に，すぐには動き出せない運動面での制限のある子どもへ時間的余裕をもたせてあげることになります。このことは，子どもの自発性を尊重し，主体性を育て，双方向的なやりとりにつながっていくように思います。

　しかし，教師の問いかけに子どもから何らかの応答が返ってくるだけでは，コミュニケーション関係は深まりません。子どもが主体となって他者に働きかけてくるような新しいコミュニケーション関係への展開が必要です。そのような展開を準備するのは，尋ねる関係における「問いかけ－間－応答」のパターンがつくり出す心地よい共有・共感的な情動だと思います。なぜなら，このパターンによる情動共有の心地よい体験の蓄積は，もっとその

ようなかかわりがしたいというコミュニケーションの欲求を生み出し，子ども
もが主導するコミュニケーション関係への展開を促すひとつの要因となって
いると思われるからです。

　つまり，そのような欲求がなぜ出てくるのかといえば，教師が子どもと気
持ちを共有したいとねがいつつ，まだ何もわからないように見える子どもの
気持ちを敏感に感じ取りながらかかわったり，尋ねたりするからなのです。
その繰り返しを通して，子どもと教師の間で実際に気持ちが通じ合う体験が
蓄積され，自分の気持ちは確かに相手に伝わっているのだという信頼感や効
力感が高まって，子どもが主体的にかかわろうとする動きが出てくるので
す。おそらくここに，差し向ける対象が明確でない，子どもの単なる表出が
他者へ向けた表現へと切り替わる契機が潜んでいるのだと思います。

❖ 関係発達論の落とし穴

　鯨岡は乳幼児の発達研究において，「子ども－養育者」関係に着目し，乳
幼児の発達はその周囲との関係のありようを無視して独立には語り得ないと
し，通じ合うという「関係の発達」を重視した関係発達論を提唱しています
（鯨岡，2007）。従来の発達心理学はある特定の行動や能力が，平均するとい
つ，どのように出現してくるかを究明することに力を注ぐ，いわば個体とし
ての「能力の発達論」だとして批判し，関係発達論は，「子ども－養育者関
係」のありようを，克明に描き出していくことが目標だとしています（大倉，
2011）。

　この関係発達論の枠組みに依拠して，鯨岡は障害の重い子どものコミュニ
ケーションにおいても，子どもと教師の二者関係を重視した「原初的コミュ
ニケーション」の重要性を強調しています（鯨岡，2000）。問題は，「通じ合
い」「わかり合える」関係ができたとして，その後のコミュニケーションの
発達をどう考えるかということです。個体としての能力発達を否定した「関
係の発達」とはどのような発達でしょうか。またそれを促すにはどんな働き

かけが必要でしょうか。

　氏は，発達そのものを否定するわけではありませんが，従来の発達観は「誕生したばかりの個体が機能的完成を目指して進歩・向上を遂げること」だとして排除し，「子どもと養育者の関係」をこそ発達研究の出発点にすべきだと言います。従来の発達観が「完態へ向かうプロセス」だとみなす鯨岡のかなり強固な発達観には同意できませんし，こうした認識のもとで関係の改善や深まりのみを追求し，発達や教育指導を軽視する議論は教師の日々の努力をないがしろにするものであり，結果として子どもの発達を現在の水準に押しとどめるものとなります。

　茂木は鯨岡の関係発達論について，「未来に切り離された今，さらには自然や文化といった対象世界との関係も重視されない空間としか言いようのない『ここ』で，すなわち時間的にも空間的にも展開性に乏しい狭い世界で，他者と関係を取り結ぶ営みに価値をおこうということである」として，「いま，ここで」他者との関係を成立させ，「その改善をはかる取り組みに障害児教育を重点化しよう」という主張だとして，厳しく批判しています（茂木，2003）。かかわり手が子どもの気持ちやねがいを感じ取り，その場のコミュニケーションを成立させていく取り組みは重要ですが，教師は両者の関係の深まりのみに留まることなく，子どもに対し文化的な教材を通して意図的，系統的に働きかけていくべき存在なのです。

❖ 学びへの欲求を育てる取り組み──関係発達論を越えて

　ここで和歌山県の特別支援学校教師・南有紀さんの，訪問教育での実践報告を紹介します。訪問教育は，施設・病院・家庭に教員が出向いて授業を行う教育形態ですが，多くの場合，教員一人で訪問し，ベッドサイドや居間での指導となるため，教育環境にはかなりの制約があります。南さんの担当するAくんは，小学部3年生です。溺水事故による低酸素脳症で，自発呼吸がなく人工呼吸器によって呼吸管理されています。自分の意思で動かすことの

できるのは舌と眼球だけで，四肢の変形拘縮も進んでいます。南さんがAくんとのかかわりで大切にしてきたことは，以下の3点だそうです。

> 「①話しかけに対し，顔やからだの動きがあれば返事として受けとめ，ことばで返していく。②できるだけ選択場面を作り，口の動きを中心にサインを待つ。③ふれるときは必ず予告する」

南さんが話しかけたときに口や舌がわずかに動いたら，「お返事だね」と意味づけるような働きかけをじっくり積み重ねていったところ，舌の動きがよりはっきりしてきたそうです。Aくん自身が教師の応答から，「こうすれば伝わる」という実感を持てたからにちがいありません。その後Aくんは視線で選択を伝えたり，あいさつを返そうとしたり，動かせる身体部位を使って応答的なやりとりを続けようとする姿も見せてくれるようになりました。これは，子どもが主導するコミュニケーションへの転換とみることができます。

障害の重い子どもと教師との関係における原初的コミュニケーションの成立は，その後の子どもが主導するコミュニケーションへの展開を準備する大切な役割をもっています。こうした人間関係が成立することはとても重要です。しかし，関係を取り結ぶこと自体は教育的働きかけの主要な目的ではありません。むしろ，こうした人間関係をよりどころとして，自然や文化，芸術の何に子どもの興味・関心を向けるように仕向けるかを議論することが重要です。これは教育的に見て価値ある教材として何を選択するかという問題です。

❖ 文化にふれる授業——筆で書く

京都府の特別支援学校教師・木下博美さんは，訪問教育の中で「筆で書く」授業に取り組みました。あーちゃんが小学部5年生のときの授業です。

あーちゃんは小学部に入学したての頃はとても体が弱くて，1年の半分以上入院していたそうです。胃ろう，気管切開，人工呼吸器，いろいろな医療的管理を受けながら，懸命に生きてきました。

　5年生だった12月のある日，木下さんはあーちゃんと年賀状を書く勉強をしました。お母さんに「なんと書いてもらいましょうか？」と尋ねると，「学校」との返事。「学校でいい？」，あーちゃんに尋ねると笑顔でニッコリ。"お母さんもあーちゃんも，学校に行きたいんだよね"と返し，あーちゃんに筆ペンを握らせて，先生がハガキを動かして「学校」と書かせたそうです。「できたよ」と見せると，あーちゃんは不満げな表情をしているように先生は感じました。この態勢では自分の手が見えないし，ひょっとしたら自分で書きたかったのかもしれません。そう考えた木下さんは，1月の書初めではちょっとした工夫をしました。

　　　「どうすれば，自分の力でかくことができるか。思いついたのは『吊り筆』。1mくらいの細い竹を真ん中あたりで吊るします。竹の反対側につけたヒモをあーちゃんの手に繋ぎました。こうすれば，手の動きが筆先に伝わって，その動きを自分で見ることができます。」

　その結果，呼吸を整えながら，明らかに書こうとする様子が見られ，うまく筆が動き，紙には文字らしき線を描くことができました。書いた文字は道とも，進とも，遊ぶとも読めるものでした。お母さんが喜ぶ姿を見たあーちゃんには輝くような笑顔があふれたそうです。[**写真**]

　この実践は単なる子どもとの関係づくりを越えて，教師は子どもに伝えたいことをしっかり意識しています。書くことを通して「書」の文化を伝えたいという思いがつまっています。この「書」は学校に展示され，説明を添えてみんなに紹介されました。書くという文化的活動を通してひとりの子どもの思いを学校全体で共有できたと言えるでしょう。

　教師は子どもとの情動の共有・共感をベースに信頼関係をむすび，教育的

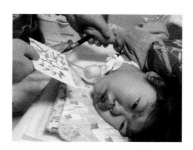

筆ペンを握らせてハガキを動かしたけれど，
「書かされても…」と不満げな表情

「吊り筆」を動かして
書くと，「書いている
のが見える！」

書初め作品
お母さんは，道，進、遊，と読んでくれた

（猪狩・河合・櫻井編『テキスト肢体不自由教育』より）

写真　　あ〜ちゃん，筆で書く

に価値ある教材を通して「子どもに尋ねる」ことにより，欲求を育みます。
「もう一回やりたい」，「見たい」という欲求は外界への興味関心を高め，そ
れは学びたいという欲求へと展開していきます。教育実践は，関係発達論を
越えて，学ぶ主体である子どもたちの学びたいという欲求に応えるものでな
ければなりません。

引用・参考文献

・鯨岡峻（1997）『原初的コミュニケーションの諸相』ミネルヴァ書房

・鯨岡峻（1999）『関係発達論の構築―間主観的アプローチによる』ミネルヴァ書房

・茂木俊彦（2003）『障害は個性か―新しい障害観と「特別支援教育」をめぐって』大月書店

・茂木俊彦（2007）『障害児教育を考える』岩波新書

・大倉得史（2011）『育てる者への発達心理学　関係発達論入門』ナカニシヤ出版

・南有紀（2018）関係者の支えあいの中で育つ A くん．障害者問題研究，第 45 巻 4 号，56・63 ページ

・木下博美（2014）人は人とつながりあって人になる．猪狩恵美子・河合隆平・櫻井宏明編『テキスト肢体不自由教育―子ども理解と教育実践』121・130 ページ

4

超重症児の内面世界　1
——意識障害のある超重症児とのかかわり

　障害の有無にかかわりなく，人間は外界に能動的に働きかける主体的活動を通して発達していきます。たとえば生後10か月頃になればおもちゃに手を伸ばす，触れる，操作するなどの探索活動が活発に起こります。この探索活動によっておもちゃなどの対象の情報を収集し，どのように取り扱うのか，何であるかを知っていきます。ところが，1で述べたような高度な医療と濃厚な介護が継続的に必要な超重症児の中には，他者からの働きかけに対する応答がほとんど，あるいはまったくなく，自分からモノを見たり，触ったりすることもなく，ほとんど動かない子どもたちがいます。

❖ 動かない身体と内面世界

　重症児教育が本格的に始まった頃，私たちはしばしば，「この子には反応がない」「反応の乏しい重症児」という言い方をしてきました。まるで定型句のように「反応の乏しい」という形容詞を用いてきました。教師は音や光の出る玩具を呈示したり，ことばをかけながら顔や手に触れさせたり，さまざまに働きかけてみますが，それらしい期待した反応が認められません。たしかに，濃厚な医療的ケアが必要な超重症児のように障害がきわめて重い状態の場合，このように見えることが少なくありません。

　しかし，こういう一面的な見方は大いに反省しなければなりません。1979年の養護学校義務制実施から40年にわたる重症児教育の蓄積を通して，私

たちはこの子らの内面世界をしっかりと見つめることの大切さを学んできました。彼らは周囲の刺激に対してまったく受け身的に反応するだけで生きているわけではありません。見たい，聴きたい，動きたい，こういう思いをもちながらも，重い運動障害ゆえに，それが実現できない状態に置かれているのかもしれないのです。「反応」らしきものが見あたらなくても，その子の内面では外界への働きかけが志向されているはずです（外界へ向かう力）。「寝たきり」で観察可能な身体の自発的な動きがほとんど認められない場合であっても，未分化な感覚を働かせながら外界の人やモノの動き，そして外界の変化を，彼らなりのチャンネルで受けとめているかもしれません。

❈ 「反応がない」──２つのタイプ

　「反応がない」とか「自発的動きがない」とか言われてきた子どもたちですが，その内面世界に目を向けると，大きく「意識障害型」と「運動制限型」の２つのタイプに分けることができます。

　第一のタイプ「意識障害型」は，表面的な行動観察では眠っているか起きているかも定かではないような子どもたちです。こうした子どもたちは，何も感じていない，何も思っていないのでしょうか。

　第二のタイプ「運動制限型」は，意識ははっきりしていて比較的高い認識レベルにあり，あそこへ行きたいとか，アレを見たい，あの先生と話したいという思いがあっても，運動機能が大きく制限されている子どもたちです。中には表情を変えることも，視線を移動させることさえできない子もいます。

　では，こうした子どもたち心の中を知るにはどうしたらよいのでしょうか。はじめにその内面世界について考えてみましょう。

　まず「意識障害型」の超重症児です。彼らは意識があるかどうか定かでありません。最も重い意識障害の場合，痛み刺激に対してまったく開眼せず，言語や運動がまったくない，という状態です。呼吸や体温調節，血液循環な

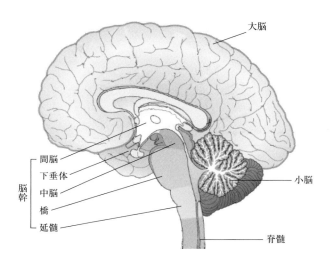

図4　脳のおもな構造

ど生命維持に必要な脳幹は機能していますが，大脳皮質の働きが失われて意識が戻らない状態で，いわば昏睡状態にあります（**図4参照**）。周囲からは睡眠と覚醒の区別が困難となります。こういう状態にある場合，「遷延性意識障害」と診断されている場合もあります。遷延性意識障害とは，事故や病気などによる脳損傷で重い意識障害が遷延，つまり長引いている状態をいいます。

　「運動制限型」の超重症児は，睡眠－覚醒状態は外部から明確に区別でき，意識ははっきりしていて，その子なりの思いに彩られた内面を有していながら，重い運動制限があり体幹・四肢はもちろん手指さえもほとんど，あるいはまったく動かせず，加えて視覚や聴覚などの感覚もほとんど機能していないように見える子どもたちです。つまり彼らは「意識はある」のに，「反応がない」，正確に言えば「動かないので，反応できない」状態にあるのです。

　では，まず「意識障害型」の子どもたちの教育実践について考えてみたいと思います。

❖ 意識障害があり，覚醒状態の維持が困難な子どもたち

　東京都の特別支援学校教師・武田俊男さんは，意識障害型に該当すると思われるBくんへの取り組みを報告しています（武田，2011）。B君は生まれてからの6年間を大学病院のNICU（新生児集中治療室）で過ごし，一度も家庭に帰ることなく重症児施設に入所し，同時に施設内の教育機関である特別支援学校の分教室に就学しました。Bくんは生後すぐ脊髄髄膜瘤の手術を受け，脊柱側弯，難治けいれん，慢性呼吸障害，嚥下障害，膀胱直腸障害があり，気管切開をして人工呼吸器を24時間使用し，食事はカテーテルによる経管栄養でした。そして脳幹機能にも弱さがあり，睡眠，覚醒リズムに問題があったそうです。

　武田さんは前任者から「とにかく寝ている。起きるのは学期に数回ぐらい，起きているらしい時には応答も視線もしっかりと向けられる」という引き継ぎを受けていました。武田さんが受け持ってみると，たしかに授業中は眠っていることが多く，たまにリコーダの音に気づいて「んー」という声を出して起きることがある程度でした。

　このような状態にあるBくんに対して武田さんは，「抱っこ」や抱っこしての「揺さぶり遊び」に取り組みました。人工呼吸器をつけたままですから，揺らす動きも制限されますが，縦揺れ，横揺れ，そのリズムに変化をつけて「揺れの気持ちよさ」を感じられるようにしました。またBくんの呼吸に合わせて歌いかけながら揺さぶり，揺さぶった後に「楽になったねー」と語りかけ，「快の情動交流」も意識しながら働きかけました。その結果，4年生になると，はじまりの歌で覚醒水準が上がり，「抱っこ」でも自分の頭を武田さんの身体にすり寄せるように近づけてくる様子が見られるようになりました。またペアで授業を担当していたC先生には，「抱っこ」を求めるような要求表現も見られるようになったそうです。

　この実践報告の中で武田さんは，運動障害があって脊柱側弯が見られ，呼吸障害のある子とのかかわりで重要なことは，呼吸状態を把握しながら，そ

の子の身体に応じた「楽な姿勢」を探し，その姿勢で「楽しい活動」を展開しながら「快の感覚」を育てることだと言っています。しかもその「快の感覚」を他者と共有することだとも述べています。

　これはたいへん重要な指摘です。人はたくさんの刺激に囲まれて生活しています。生まれたばかりの赤ちゃんは，たとえばオムツが濡れて「気持ち悪いよ」と不快を訴えたり，心地よく揺さぶられて「気持ちいい」など，さまざまな刺激を「快」と「不快」に分けていきます。「快」と「不快」が明確になるということは，その子にとって外界が大きく「快なるモノ・コト」と「不快なるモノ・コト」に分けられたことを意味しています。外界認識の出発点に立ったのだと言えます。この快と不快を感じ分ける力は，次第に快・不快の情動に彩られていきます。快・不快の情動は個人の内部で閉じた形で表出しただけでは，単なる情動表出でしかありません。ここに他者が関与することによって事態は大きく変化します。

　Ｂくんは覚醒状態が安定せず思いどおりに身体を動かし，心地よい姿勢をとったり，ほしいモノに手を伸ばしたりすることができません。言うなれば，不快なことばかりが続いている中で快が浮かび上がってくるのです。快を受けとめてくれる，共有してくれる教師がいることにより，外界の人やモノへの興味・関心が育ち，外界へ主体的にかかわろうとするようになるのです。共有といっても，相手をする教師がその行動を意味づけることによって，かろうじて成立しているものです。最初のうちは教師の意味づけが子どもたちと共有されることはほとんどないと思います。

　しかし，こうした体験がねばり強く積み重ねられるなかで子どもの側の情動や認識能力が高まっていくと，教師のつくりだした共有・共感関係の渦に巻き込まれるかのように，子どもは教師と楽しさを共有できるようになっていきます。このように子どもは教師の支えのもとで，教師と楽しさを共有できるようになり，それはやがて「もっとやりたい」という要求表現につながっていきます。このプロセスは教師と超重症児との共同作業として取り組まれているのだと見ることができます。

　この点に関連して，びわこ学園長であった高谷清は，「『快』の状態にあるという感覚状態は，外部環境を認識・判断したり，自分で移動したりできない人たちにとっては，基本的な『生きる喜び』である」と述べています（高谷，2011）。

❈ 内面世界を育てる

　私がこれまでかかわりをもった障害の重い子のなかで，最も障害が重いと感じた子は，重症児病棟に入所中の特別支援学校小学部1年の男の子です。彼は抗てんかん薬の影響もあり睡眠−覚醒状態が判然とせず，眼は開いたまま閉じることができず（乾燥防止のゼリーを塗っている），働きかけに対する反応が表面的には観察されない超重症児でした。

　彼らはどのような精神世界にいるのでしょうか。発達初期の段階にある超重症児の場合，その内面世界はきわめて限定されたものでしょう。しかし，教師の長年にわたる粘り強い働きかけによって外界とのつながりに気づきはじめると，快・不快を越えた外界へ向かう力としての主体性が芽生えてきます。

　医療的ケアなどの生活介護のほかは外界とのかかわりがほとんどなかった子どもは，感覚機能が未熟なため，外界変化を受けとめ，処理し，行動を調整していくことが困難です。大人から外界変化を予告されず，予測的な準備体制がとれなければ，周囲の状況は常にいきなり変化することになります。障害が重いとみなされている子ほど，おそらく何も予告されないためこの変化はさらに急激なものとなるに違いありません。こうした生活が長く続くと彼らの外界へ向かう力は徐々に小さく，弱くなってしまいます。こうしたプロセスが彼らの反応や外界へ向かう力を弱めてしまったのかもしれません。

　傾眠状態でほとんど自発的な動きが見られない超重症児では，まず一日の生活の流れを把握することから取り組みたいと思います。彼らの生理的状態変動は大きく，不安定な場合も多いのですが，日中の覚醒水準の変動を注意

深く観察し，いつ，どんな場面でより目覚めた状態になるかを調べ，それと学校での生活の流れと照合しつつ，日課づくりに取り組みます。つまり彼らの睡眠−覚醒リズムと学校生活のリズムが，徐々に同期するように働きかけます。

　子どもの覚醒状態の高まりを把握し，「心地よい」状態をつくりだし，子どもがわずかな時間でも大人と共に楽しい時間を過ごすことができれば，「心地よい」状態そのものが拡大していく契機となります。子どもは，こうした体験の蓄積をもとに自分の覚醒状態に気づき，調整できるようになります。私たちは，子どもの「心地よい」状態を見つけ出し，楽しい活動を組織することにより，彼らの内面世界をゆさぶり，覚醒状態を維持・拡大していく取り組みを大切にしたいと思います。

引用・参考文献

・武田俊男（2011）障害の重い子への教育を考える—重症児施設内分教室の取り組みから．障害者問題研究，第39巻2号，134‐139ページ
・高谷清（2011）『重い障害を生きるということ』岩波新書
・細渕富夫（2019）超重症児の内面世界と教育的対応の課題．障害者問題研究，第47巻2号，90‐97ページ

5

超重症児の内面世界　2
──運動制限のある超重症児とのかかわり

　ここまで，睡眠-覚醒リズムの獲得が不安定で，日中ほとんど眠っているような状態にある「意識障害型」の超重症児の内面世界について取り上げました。つぎに，第二のタイプである「運動制限型」の超重症児について取り上げます。このタイプの超重症児は，睡眠-覚醒状態は明確に区別でき，意識ははっきりしていて，その子の思いに彩られた豊かな内面世界を有していながら，重い運動障害のため体幹・四肢はもちろん手指さえもほとんど動かせず，加えて筋・運動系の障害により視覚や聴覚などの感覚も医学的には大きな問題がないにもかかわらず，ほとんど機能していないように見える子どもたちです。つまり，何らかの原因で全身に及ぶ筋・運動系の障害があり，その子なりの「思い」や「ねがい」があっても，その表出にきわめて大きな運動制限のある子どもたちです。

◈ 閉じ込められた子どもたち

　超重症児（重症児を含む）の中には，意識がはっきりしていて一定の言語理解もありながら，重い運動障害があるため体幹・四肢はもちろん手指さえもほとんど動かせず，加えて眼球運動や表情筋の動きもほとんど認められない子どもたちがいます。全身に重度の運動障害がある場合，働きかけに対する視線，表情，体動などの運動的応答ができません。視線の動きが乏しく表情にも変化が見られないとしたら，たとえ彼らが比較的高い認識レベルにあ

り，豊かな内面世界を有していたとしても，発達的には生後6か月くらいまでの「乳児期前半」の発達レベルにあるとみなされてしまいます。

　こうした子どもたちは，いわゆる「閉じ込め症候群」（Locked-in Syndrome）に近い状態像にあるとみなすことができます。閉じ込め症候群とは，脳科学辞典によれば，「脳幹の橋腹側部が広範に障害されることによっておこる。眼球運動とまばたき以外のすべての随意運動が障害されるが，感覚は正常で清明」となっています。表情も含め身体が動かないため，意思表出の手段を奪われた状態であり，ほぼ完全に「鍵をかけられた状態」となることから，この名前がつけられたものです。かぎしめ症候群とも呼ばれています。

　超重症児の中には，この閉じ込め症候群とほぼ同様な症状を呈する子がいます。眼球運動やまばたきさえもうまくコントロールできない場合もあります。こうした状態像は指定難病の筋萎縮性側索硬化症（ALS）★の患者さんにも認められます。

　ALS とは，手足・のど・舌の筋肉や呼吸に必要な筋肉がだんだんやせて力がなくなっていく病気です。しかし，筋肉そのものの病気ではなく，筋肉を動かし，かつ運動をつかさどる神経（運動ニューロン）だけが障害をうけます。その結果，脳から「手足を動かせ」という命令が伝わらなくなることにより，力が弱くなり，筋肉がやせていきます。その一方で，体の感覚，視力や聴力，内臓機能などはすべて保たれています。2019年夏の参議院議員選挙で当選した舩後靖彦さんがこの ALS 患者です。介護者がひらがな50音ボードを呈示して，舩後さんの目の動きからその意思を読み取り，代読して質問する様子がテレビ中継されていましたので，ご覧になった方も多いと思います。

　ALS は後天的な進行性の疾患ですから，患者の認識レベルについて疑われることはありません。しかし，超重症児のように通常出生時から重い障害

★　ALS：Amyotrophic Lateral Sclerosis の略

がある場合は，運動機能も認知機能も発達過程の初期にあるわけですから，自分の意思表出を担う運動機能に障害があると，たとえ豊かな内面世界を有していて，その子なりの思いやねがいが育っていても，他者がそれを知ることができず，結果として乳児期の発達段階にあるとみなされてしまいがちです。彼らの中に芽生えつつある「次はボクの番だ」，「一番になりたい」，「私もやりたい」といった自我や仲間意識（対人認知）の育ちに気づかない取り組みになってしまいます。自分の思いが受け止めてもらえない生活が続けば，彼らの思いも次第にしぼんでいってしまうに違いありません。これは継続的に思いが実現できないことによって「学習された無力感」とみなせるものです。

❖ 動けない子どもたちの内面世界に寄り添って

　白石正久（1994，2016）は，重症児の発達診断に関する実践的研究を通して，乳児期の発達段階にあるとされた重症児に「言語の認識があり，概念形成も可能である」事例が少なくないことを報告しています。白石らは，これを「見かけの重度」問題と呼んでいます。

　このような事例の子どもの場合，障害による制約が運動機能にあらわれるため，一見すると外界への注視・追視，手操作，目と手の協応等が十分に認められないことから，乳児期の発達段階にあると診断されがちです。すると取り組みとしては，心地よさをベースにした感覚的働きかけを通して，快の表出を促すことが中心となります。しかし，彼らの内面では言葉の理解も芽生えており，初歩的な概念形成も可能になっているため，感覚的に働きかける取り組みにはもう関心を寄せなくなります。

　ときには，突然寝たふりをしたり，常同的な指しゃぶりを始めたりします。もう楽しくないからです。たとえば，小学部段階では笑顔いっぱいに楽しんでいたシーツブランコに対し，中学部に進んでからはほとんど興味を示さなくなり，むしろ嫌がるような様子を示した子がいました。これを単に興

味・関心の変化，思春期の体調変化とだけとらえてしまうと，大きな誤りです。感覚の世界に生きている重症児といわれますが，彼らも発達する存在です。日頃，発達的な視点で授業づくりに取り組んできた教師集団であっても，ややもすると内面世界の育ちに思いを寄せることなく，固定的でパターン化した指導を繰り返してしまうことがあります。

今でも多くの特別支援学校で見られるのは，乳児期の発達段階にある重症児を抱っこしたり台車に乗せたりして，ゆったりした雰囲気の中で歌を歌い，顔や身体を手で触れる，ゆする，さする，くすぐるなどの働きかけです。子どもが心地よい気分になって，身体の緊張がとれてリラックスするなかで，笑顔がひろがるといいな，動きが活発になるといいな…こんなことを考えながら取り組んでいるのだと思います。もちろんこうした取り組みは大切ですが，子どもの発達段階を的確にとらえ，子どものねがいにふさわしい生活や活動を組織する必要があります。言葉を理解し幼児期の発達段階に入りつつある子どもたちに対しては，物語の世界を読み聞かせながら，お話の世界を教室に作りだし，子どもたちが登場人物になって追体験して楽しむような授業にも取り組みたいと思います。子ども理解を深めるときは，子どもの能力の発達状態と同時に，内面の育ちの状態にも目を向けたいものです。子どもの内面の状態は，家庭での生活経験，学校での生活経験，担当教師との関係，一緒に取り組んだ仲間関係（子ども集団）などによってちがってきます。運動障害が重く，ほぼ「閉じ込め」状態にある子どもの内面世界はとらえにくいものですが，だからこそ働きかけの中でていねいに把握していく必要があります。

❖ 豊かな内面世界から学ぶ

重い運動障害があり，ほとんど身動きがとれないものの，認識レベルが高く豊かな内面世界を語ってくれた重症者がいます。現在，仙台市在住で，詩人として活躍する大越桂さんです。大越さんは819ｇで生まれた超低出生体

重児で，重度の脳性麻痺に視覚障害（弱視）を有しています。13歳の時に気管切開の手術をして声を失い，今は筆談でコミュニケーションし，詩作をしています。桂さんは13歳で筆談ができるようになるまでは，ほとんど自分の意思を伝える術がなく，ただ「寝たきりの重症児」，というふうに見られていました。その桂さんが2018年秋，仙台で開催された日本重症心身障害学会の特別講演の講師として登壇し，筆談で次のように語っていました。

　　「こんにちは。桂です。双胎の第二子として生まれましたが，双子の姉は死産でした。819gの未熟児だった私は，重度脳性まひとともに生き，28歳になりました。9〜10歳頃から気持ちが伝えられないストレスにより嘔吐が続きました。12歳のときは危篤状態になり，両親や周りの人から『勝手に別れを言われ』ましたが，その怒りで峠を越えることができました。そのことを，後から『言葉』で伝えることができて溜飲を下げたのです。13歳で気管切開を受け，声を失いました。通信手段がなくなり困惑しましたが，支援学校の先生から筆談を教わりました。初めて文字を書いたとき，体中の細胞が口から飛び出すかと思うほど歓喜しました。（以下略）」

　近年の新生児医療の進歩により，先天性の重症神経筋疾患でも生存可能になり，表情，眼瞼・眼球運動，四肢運動がまったくできないが，知的障害を示す大脳病変が認められない子どもが増えてきているとの報告があります（横地，2015）。したがって，桂さんのようなケースはけっして稀ではないことを念頭に，慎重に対応していくことが求められています。

　桂さんも通園施設時代によくシーツブランコで遊んでもらっていたそうですが，本当は怖くてしかたがなかったそうです。でも，怖いと表情が緩んだ感じに見えるらしく，保育士には好きな遊びと勘違いされ，さらに強くブンブン振り回されてしまったと語っていました。笑顔を引き出す取り組みは大切ですが，その子の発達と障害，そして生活をていねいに把握することが前

提となります。

引用・参考文献

・白石正久（1994）『発達障害論・第1巻　研究序説』かもがわ出版
・白石正久（2016）重症児と「1歳半の節」．障害者問題研究，第44巻2号，106‐113
　ページ
・大越桂（2018）生きることは，聴くこと，伝えること．日本重症児学会誌，第43巻1
　号，3‐8ページ
・横地健治（2015）重症心身障害児（者）の療育と理解．岡田喜篤監修『新版重症心身障
　害マニュアル』，医歯薬出版

第2部

重い障害のある子どもの
いのちを守る

6

重症児療育のあゆみ

　障害の重い子どもたちの暮らしを支える社会的支援が進みつつある現在にいたる約50年前に，この子らのいのちと家族の暮らしを守るために立ち上がった人々がいました。その献身的な取り組みの歴史から学ぶことは，障害の重い子どもたちのいのちを守るたたかいの原点を確認しつつ未来へつなぐ役割を担う私たちの仕事を方向づける大切な視点となるはずです。

　①で，重症児の概念を説明するなかで，日本初の重症児施設「島田療育園」と「びわこ学園」について簡単にふれましたが，ここでは，重症児の施設療育のあゆみをたどりつつ，黎明期に"福祉の奇跡"と言われた「おばこ天使」の出来事を通して，発達保障の取り組みにつながる歴史の胎動を確かめておきたいと思います。

❖「法の谷間」に置かれた子どもたち

　「重症児の父」とも称される医師・小林提樹は，慶應義塾大学医学部小児科の出身です。ここの小児科医局では，1935（昭和10）年より病院に「児童健康診断」外来を新設しました。当時，わが国に保健所はなく，育児相談等の受け皿となる医療機関がなかったため，かなりの人気を博したそうです。同大学の外来は小児精神衛生分野としては，日本で最も早く開設されたものですが，薬代を除いて相談料は無料でした。のちに島田療育園長となる小林は，先輩医師の後を継いで，1938年，この外来の担当者になりました。

育児相談を担うことから，外来患者は育てにくい障害のある親子が増えていきました。結果として，この外来は障害のある子について相談できる大学病院として，唯一の窓口となりました。

アジア・太平洋戦争中，軍医として出征した小林は，敗戦とともに帰国し，東京にあった日赤産院小児科部長に就任しました。小林はここでも小児精神衛生相談を始めました。家庭での育児が困難な障害のある子については入院させて治療を始めました。日赤産院に乳児院が併設されると，小林が院長となり，家庭に戻せない重い障害のある子を入所させていきました。こうして病院の小児科病棟と乳児院は，次第に重い障害のある子が長期間入所（入院）するようになっていきました。

小林は，児童福祉法が制定されていながら，重い障害のある子の施設がないこと，いわば「法の谷間」に放置されている重い障害のある子どもの問題を痛感し，その矛盾を社会に訴えていきました。

しかし，国の対応はこの矛盾の解決ではなく，障害の重い子どもの生存権をも奪い取ろうとするものでした。すなわち，1955年，厚生省（当時）は日赤産院に対し，「治療に値しない障害児を入所させていること」，「小児科を標榜しながら精神科または神経科の患者を入院させていること」の2点で健康保険の取り扱いを停止しました。さらに福祉事務所からは生活保護法による「医療扶助」★を給付することは適当でないとの指摘があり，これも停止されてしまいました。こうして障害の重い子どもたちは，福祉からも医療からも排除されてしまったのです。

そこで小林は，「法の谷間」に置かれた子どもたちとその家族の救済を行政関係者に求めるとともに，マスコミも活用して広く社会にアピールしていきました。全国社会福祉大会や全国乳児院協議会等でこの問題を提起するとともに，「重症欠陥児」「多重障害児」等さまざまな名称で呼ばれていた重い

★　医療扶助：生活保護法では，日常生活に必要な費用（食費や光熱水費など）にあてる生活扶助に加えて，住宅扶助（家賃）や教育扶助などが申請により給付される。医療が必要な場合に給付されるのが医療扶助。受診費用は無料となる。

障害のある子どもの名称を「重症心身障害児」とすることに決め，福祉対策
（特に入所施設の設置）を求めて関係省庁に陳情を重ねていきました。

❖ 重症児施設の設置——島田療育園とびわこ学園

　小林と関係する親たちが奔走して土地を探し求めた結果，1961（昭和36）
年5月1日，東京都多摩村（現在の多摩市中沢）に島田療育園（現・島田療
育センター）が開設されました。同園は厚生省の指導により医療法に基づく
病院として運営されることになったため，責任者は医師でなければならず，
周囲の強い要請によって小林が初代園長に就任しました。当時の児童福祉法
には重症児施設が規定されていないため，島田療育園は重症児を対象として
入院させる民間病院のひとつでしかありませんでした。それでも運営費に苦
しむ小林らの要望を受けて，国は「重症心身障害児療育研究委託費」という
名目で，2年間に合わせて1,000万円の補助金を支給しました。

　同時期，滋賀県ではもうひとつの重症児施設設置が進められていました。
1946（昭和21）年，田村一二★，池田太郎★とともに糸賀一雄は，戦災孤児
と知的障害児を受け入れる児童施設として近江学園を創設しました。近江学
園は衣食住の基本的な生活を健康的に高めていくとともに，教育・訓練を施
し，将来の社会的自立のための職業的陶冶を施すことを目指していました。
まだ児童福祉法も制定（1947年）されていないなかでの先駆的取り組みで
した。

　ほどなくして，糸賀は設立当初から重視していた「職業教育」への導入が
困難な重い障害のある子どもたちの処遇に苦慮するようになりました。そこ

★　田村一二：1909〜1995　京都府生まれ。戦前，京都市で小学校の教師となり，知的障害児のた
　めの「特別学級」担任となる。その後，滋賀県大津で知的障害児のための施設に取り組み，敗
　戦直後に糸賀とともに近江学園を創設。
★　池田太郎：1908〜1987　福岡県生まれ。京都市で小学校の教師となり，知的障害児の教育に
　関心をもつ。滋賀県の虚弱児施設「三津浜学園」指導にあたる。糸賀とともに，近江学園を創
　設。

で，強度のてんかんを有する子どもや，神経症反応を呈する子ども，また特殊な神経障害のある子どもたちを「療護児」として，新たなグループ「杉の子組」を編成して指導することにしました。このグループへの取り組みを基盤として重症児施設開設への要求が高まり，1963年，日本で2番目となる重症児施設びわこ学園（現・びわこ学園医療福祉センター）が開設されました。

　糸賀の先駆的な思想と実践は，「この子らを世の光に」という言葉で代表されます。重い障害のある子どもたちを「この子らに世の光を」といって慈悲や哀れみの対象とみるのではなく，どんなに障害が重くとも誰とも取り換えることのできないかけがえのない人格と権利を有している存在としてとらえ，また子ども自身が輝く社会でなければならないとするものです。長らく社会から排除されてきた子どもたちのいのちの輝きと発達の豊かさを見出すことによって，これまでの社会の仕組みを変革していかなければならないという決意が込められているように思います。

　時代は高度成長期です。豊かさの影で，障害のある人びとのいのちや生存の価値は，「寝たきり」とか「不治永患」などと社会が一方的に決めてきましたが，そうではなくどんな障害が重くとも，主体的に生きようとする，「生き抜こうとする必死の意欲」（糸賀，1968）をもった存在であり，一人ひとりの生き方を充実させていく取り組みこそが社会の豊かさを生み出す。まだ「施しとしての福祉」が主流であった時代に，この言葉はきわめて先駆的なものであり，従来の福祉観を根本的に転換させる思想として，戦後福祉思想のコペルニクス的転回をもたらした思想とされています。

❖ 看護・介護職員が足りない

　開設間もない島田療育園やびわこ学園が直面した最初の課題は運営費不足でしたが，それと同程度に深刻だったのが看護・介護職員不足でした。重症児施設は病院として出発したため，当時の基準では患者4人に対して看護師

１人でした。これでは介護の手が回らないため，小林らは入所児２人に対して看護・介護にあたる職員１人を基本として職員確保に努めました。

　島田療育園やびわこ学園では，開設時は全国的な反響を呼び，ほぼ必要な職員を確保できていましたが，数年後には「反応の乏しい」重症児の介護や夜間勤務，長時間労働等の過酷な労働環境から離職者が続出しました。離職者が出るとその補充ができず，在職者の過重労働となり健康を崩します。それが本来の業務を圧迫し，次の離職者を生み出すという悪循環に陥っていきました。

　看護師がいないと障害の重い子どもたちの受け入れができません。1964年当時，島田療育園の入所定員は第３期工事が終了し169人に増床していましたが，人手不足により入所児は104人に留まり，残りの65床が空いていました。この入所児104人に対し，医師は小林園長他４人，児童指導員２人，保育士４人，ケースワーカー２人，看護師26人，看護助手10人でした。これで子ども対職員比率はほぼ２対１となるものの，交代勤務のため夜勤の４人と公休者を除くと，日中では職員１人で子ども５人以上を看護・介護することになります。夜間には，職員１人で約20人の子どもたちを見守らなければならない状態でした。まずは在宅重症児の施設への入所を優先していたため，入所児の人権保障と看護師等の労働環境の整備はきわめて不十分でした。

◈「秋田から看護の手を」──秋田魁新報のよびかけ

　1964年５月，当時の秋田中央児童相談所（児相）の姉崎所長補佐が，島田療育園を視察に訪れました。秋田児相では家庭養育困難な重症児を18人も抱えていて，島田療育園への入所を検討していたのです。島田療育園の療育に大きな感銘を受けた姉崎所長補佐は佐々木所長と相談し，島田療育園への入所をすすめることとし，県独自の補助金を予算化して入所申請したところ，島田療育園からは看護師や介護職員を確保しなければ，受け入れはでき

ないとの回答がきました。そこで秋田児相では島田療育園と連携して，秋田県内で看護助手を募集することにしました。当時，一般病院でも看護婦不足は深刻で大きな社会問題になっていたことから，緊急避難措置として，ここは看護助手で代行しても許されるだろうとの見通しがあったようです。県下の中学校，高校や市町村役場に看護助手の斡旋を依頼するもまったく反応がありませんでした。

　こうした事態を大きく転換させたのは，地方紙「秋田魁新報」の小さな記事（1965 年 2 月 5 日付夕刊）でした。その記事には「秋田から看護の手を　東京の島田療育園　入園待つ重症の子ら」との見出しがありました。内容は，東京に島田療育園という重症の子どもたちを収容する近代的な施設があるのに，職員不足のため入所できない事態になっていること，そして秋田県児相からの「県内から 1 人の職員志望者がみつかれば，最低 2 人の子どもは入院できるのだが…」との声を伝えていました。また，県内には 18 人の重症児がいて同園に入園希望を出しているが，職員不足で引き受けてもらえないこと，看護助手を一人でも斡旋してくれたら 2 〜 3 人は入園可能との反応があったことも記されていました。

❖ 「おばこ天使」の誕生

　この記事に対する反応はとても早いものでした。わずか 2 週間で 15 人もの応募者がありました。多くは高校を卒業したばかりの女性です。秋田魁新報は，「看護はまかして　"天使" 希望者十五人も」「人間愛は生きていた」との見出しをつけて彼女らの志を讃えています。選考の結果，高卒者 9 人が採用されました。その後の応募者についても順次選考を重ね，合わせて 16 人となりました。彼女たちは「おばこ天使」と呼ばれました。

　1965 年 3 月 30 日夜，事前出発者を除くおばこ天使 13 人が第一陣として，急行列車「第二おが」で東京へ出発しました。秋田駅での見送りには，当時の小畑勇次郎県知事をはじめ約 400 人もの県民がつめかけたそうです。この

藤原陽子著『おばこ天使』の表紙

一連の出来事は全国紙でも大きく取り上げられ，重症児施設への秋田おばこの集団就職は国民的関心事となりました。

　翌朝上野駅に到着した一行13人は，都内のバス会社の好意により観光バスで浅草や東京駅を見学したあと，厚生省を表敬訪問。小林園長とともに滝沢母子衛生課長から激励のあいさつを受けています。その後，島田療育園に向かい，職員・関係者から盛大な歓迎を受け，大勢の報道陣に囲まれながら宿舎に入りました。彼女らの動向は連日新聞・テレビ等で報道され，さながら現代のアイドルのような存在となりました。「おばこ天使のうた」というレコードが発売され，年末にはNHK紅白歌合戦の特別審査委員にも選ばれるほどの国民的人気者になりました。

　おばこ天使第二陣に応募し，保育助手として秋津療育園★に就職した藤原陽子さんは，後に『おばこ天使』（文芸市場社，1967年）を著しています（**写真**）。

　おばこ天使という名の集団就職はその後も毎年続けられ，まるで出陣式のような見送りの光景が繰り返されました。おばこ天使は1978年が最後となりましたが，就職者の総人数は約200人。その就職先は東京の島田療育園，秋津療育園，東京小児療育病院★のほか，大阪の枚方療育園★にも及んでいました（秋田県社会福祉協議会，1979）。

★　秋津療育園：1958年，草野熊吉が東京都東村山市に開設した重症児のための施設に端を発している。児童福祉法によって1967年，重症心身障害児施設となる。

★　東京小児療育病院：1964年，肢体不自由児施設として開設され，当初から就学猶予・免除となった重症児を受け入れた。1970年，重症心身障害児施設を併設。

★　枚方療育園：1969年，大阪府枚方市に開設された重症心身障害児施設。

❖ 国民的美談を越えて

　黎明期にある重症児施設が職員不足に陥った最大の原因は，「重労働」と「低賃金」でした。とりわけ医療職である看護師にとって，生活介護中心の職務は魅力に乏しいものであったと思います。看護職の採用が難しくなれば，低賃金で雇える看護助手に頼らざるを得ません。ベッドがあっても人手不足で入所できない重症児の実態，こうした窮状を見かねて秋田の女性が示した"愛と善意"はたしかに尊いものです。しかし，"愛と善意"に依存する福祉では，重症児のいのちも職員の健康も守ることはできません。おばこ天使と呼んで美化し，国民的美談として称賛するだけで，なぜ重症児施設に職員が集まらないのか，なぜ看護職員はすぐに辞めてしまのか，その根本問題に目を向けたマスコミ報道はほとんどありませんでした。

引用・参考文献
・島田療育センター編（2003）『愛はすべてをおおう─小林提樹と島田療育園の誕生─』中央法規
・小林提樹（1983）障害者に愛と医療を捧げて．小林『来し方の記6』（信毎選書9），信濃毎日新聞社
・小沢浩（2011）『愛することからはじめよう─小林提樹と島田療育園の歩み─』大月書店
・糸賀一雄（1968）『福祉の思想』日本放送出版協会
・糸賀一雄（1965）『この子らを世の光に』白樹社
・明神もと子（2015）『どんなに障害が重くとも─1960年代・島田療育園の挑戦』大月書店
・秋田県社会福祉協議会編（1979）『秋田県社会福祉史』

7

重症児のいのちを守る

❖ 重症児の原因

　重症心身障害の原因はさまざまですが，公法人立重症児施設での調査によれば，おおよそ出生前要因：3割，出生時・新生児期（周産期）要因：4割，周生期以降の要因：3割となっています。出生前要因としては，原因不明が最も多く，染色体異常や代謝障害などが含まれます。周産期要因としては，新生児仮死や低出生体重などがあります。周生期以降の要因としては，脳炎・脳症，髄膜炎などの中枢神経感染症，溺水，窒息などの低酸素性虚血性脳症，外傷，原因不明のてんかんなどが含まれます（**表3**）。

　ここ10年ほどでは，遺伝子診断技術，画像診断技術の向上により，低出生体重，脳形成異常，染色体異常，遺伝子異常の診断が可能になり，全体として出生前に原因がある者の割合が増えています。とりわけ新生児救急医療の向上により，低出生体重児の割合が増えてきています。

　重症児の場合，不可逆的な脳障害が原因となっている場合が多く，原因がわかっても脳障害そのものの治療法は今のところありません。したがって重症児の医学的診断では，単に原因診断にとどまることなく，適切な療育を行うために，残存機能の診断や合併症の診断が重要となります。特に脳性麻痺を基礎疾患とする重症児では，年齢に伴う身体機能の向上，低下を定期的に把握し，療育方法の見直し・改善につなげていくことが大切です。

表3　重症心身障害の発生時期と原因

発生時期	原　因	割合 (%)
出生前	不明（出生前）	21.3
	染色体異常	4.7
	代謝障害	1.2
	感染・中毒	0.9
	母体の疾患	0.9
出生時・新生児期	低酸素症・仮死など	22.0
	低出生体重児など	9.8
	高ビリルビン血症	1.9
	その他	3.3
周生期以降	髄膜炎・脳炎など	16.6
	てんかんなど	11.8
	その他の外因	2.3
不　明		3.3

松葉佐正「重症心身障害の発生頻度と発生原因」岡田喜篤監修『新版重症心身障害児療育マニュアル』p.43を改変

表4　低出生体重児の分類

低出生体重児	出生体重
狭義の低出生体重児	2,500 g 未満
極低出生体重児	1,500 g 未満
超低出生体重児	1,000 g 未満

❖ 増える低出生体重児

　低出生体重児とは，出生時に体重が2,500 g未満の新生児のことを言います。低出生体重児はその体重によりさらに分類され，出生体重1,500 g未満を「極低出生体重児」，1,000 g未満を「超低出生体重児」と呼んでいます（表4）。1990年の年間出生数は122万人で出生時体重2,500 g未満の割合が6.3％でしたが，2013年の年間出生数は103万人で，同割合が9.6％となっています（母子衛生研究会，2014）。つまり，この約20年間で出生数は減少していますが，その約10％が低出生体重児となり，その割合は約1.5倍に増加したということです。超低出生体重児についてだけみれば，その出生数はこの35年間で約2倍に増加しています。

　背景要因として指摘されているのは，①不妊治療による多胎児が増え，満期までの妊娠継続が困難になったこと，②出産の高齢化やダイエット志向での妊婦の体力が落ちてきていること，③妊娠・分娩管理の改善，周産期医療の地域化など周産期医療システムの整備が進み，超低出生体重児を積極的に入院管理できるようになったこと，等があります。

　1970年代後半以降，画像診断などによる各種モニタリングの導入をはじ

めとする新生児医療の進歩，妊娠・分娩管理の改善など周産期医療体制の整備が進んだことにより，低出生体重児の生存率は著しく改善してきました。近年では，低出生体重児の死亡率は激減し，日本の新生児死亡率，乳児死亡率は先進国の中でもトップクラスにあります。厚労省の資料（2013）によれば，日本の周産期死亡率（出生数千対）は2.6であり，アメリカの6.8，フランスの11.8，ドイツの5.5に比べても低く，世界でもっとも新生児のいのちが守られている国と言えます。

　また日本小児科学会の報告によれば，1,000〜1,500 gの極低出生体重児の新生児死亡率は1980年の20.7％から2000年には3.8％に，500〜1,000 gの超低出生体重児の新生児死亡率は55.3％から15.2％にまで低下しました（三科，2006）。

　このように低出生体重児が増加するなかで，そのかけがえのないいのちの灯を懸命に守ろうとする医療関係者の努力により死亡率は減少し，救命率が大きく向上してきました。

　胎児は通常であれば，お母さんのおなかの中で約40週前後かけて成長し，心身の機能を発達させていきます。医療技術の進歩で低出生体重児の生存率も上がりましたが，赤ちゃんの体重が軽いと機能面での発達不全が起こりやすくなります。

　より未熟な新生児の生存が可能になったことと関連して，こうした子どもたちが何らかの障害を負うケースが少なくないと報告されています。早産や子宮内発育制限により出生した低出生体重児は，正期産児に比べ発達予後が厳しいことがわかっています。特に超低出生体重児に知的障害と脳性麻痺を伴うケースが多いとされています。超低出生体重児の6歳時の就学状況を調べた全国調査によると，約15％の児童は特別支援学校等に就学していました（上谷他，2008）。

❖ 新生児医療と重症児

　周産期医療システムの整備が進んだことにより，出生前から新生児を救命するための環境を整えることが可能となっています。NICU（新生児集中治療室）やPICU（小児集中治療室）の技術向上により，在胎22週以降で体重500g以下の超早産児や超低出生体重児，複雑な心奇形や多発奇形などの先天性疾患の新生児も救命できるようになりました。

　一方，救命できたものの，脳性麻痺や知的障害を伴いつつ，生命維持のため口鼻腔・気管内分泌物の吸引，人工呼吸器，経管栄養，導尿，胃ろうからの注入などの濃厚な医療的ケアが常時必要な重症児が増えています。これについては，大分県での状況が報告されています（梶原他，1999）。1986年から1995年までの10年間に大分県立病院新生児集中治療室に入院した新生児は3,664人で，そのうち75％にあたる2,764人が発育・発達においてなんらかのフォローアップが必要と考えられるハイリスク児に該当していました。その内訳をみると，ハイリスク児の53％が低出生体重児，20％が先天異常児，13％が仮死・頭蓋内出血児でした。そして低出生体重児は増加傾向にありました。これらのハイリスク児の神経学的後障害をみると，「寝たきり」の重症児が33人，「座れる」重症児が15人であり，合計で重症児は48人でした。これにNICU退院後に死亡した遠隔死亡例のほとんどが重度の後障害を合併していたことを考えると，合計106人がこの10年間に大分県立病院のNICUを退院して在宅で，あるいは重症児施設で生活していたことになるそうです。さらにこの数字をもとに全国推計値を算出すると，全国では年間およそ1,520人の重度障害児が新生児医療施設を退院し，在宅生活へと移行していると考えられます。

　これらの重症児は，はたして新生児医療施設から在宅生活へスムーズに移行できているでしょうか。在宅生活の担い手となる家族への支援体制は地域格差が大きく，その支援体制の整備が課題となっています。とりわけ，気管切開部の管理と栄養管理は生命に直結する医療的ケアであり，家族（とりわけ母親）の身体的・心理的負担はきわめて大きいものです。

　私がかかわっていた盲ろうを伴う重症児は，頻繁に痰の吸引が必要でした。

NICU 退院後，母親が日中と夜中の3時までケアを担当，3時から朝7時まで父親が担当し，また母親と交代するという体制で日々生活していました。私は市の保健師から連絡を受け，この家族と出会いました。まだ訪問看護サービス等がない時代でしたから，この子の兄姉を含めて家族は力をあわせてケアを続けていました。こうした家族を支えるには，在宅への円滑な移行を進める在宅支援チームの組織化，そして行政を含む地域支援ネットワークの充実が必要です。

引用・参考文献

・母子衛生研究会（2014）『母子保健の主なる統計』
・厚生労働省（2013）『人口動態統計　平成25年』
・三科潤（2006）低出生体重児の長期予後．日本産婦人科学会誌，第58巻9号，127‐131ページ
・上谷良行・大野勉・三科潤（2008）超低出生体重児の全国調査．未熟児新生児誌，第20巻，562ページ
・梶原眞人他（1999）新生児医療からみた重症心身障碍児の発生．黒川徹編『重症心身障害医学—最近の進歩』50‐51ページ，日本知的障害者福祉連盟

8

出生前診断と豊かな社会

❖ いのちの選別

　折しも新聞紙上では，新型出生前診断が拡大の一途をたどっていて，歯止めが利かなくなっている状況を伝えています。新型出生前診断は，妊婦の血液中にある DNA 断片の量を測定し，胎児の染色体異常の有無を調べる検査です。ある染色体★が 3 本ある状態をトリソミーといいますが，この検査により 21 トリソミー（ダウン症），18 トリソミー，13 トリソミーを診断するというものです。従来の出生前診断（母体血清マーカー検査）に比べて精度が極めて高く，日本では 2013 年 4 月に導入されて以降，日本産婦人科学会は，丁寧な情報提供とカウンセリングの実施を条件に，一定の基準を満たす認定施設に限ってこの検査の実施を許可してきました。この検査を実施できる施設は当初の 15 施設から 2019 年 1 月現在 92 施設に拡大し，2018 年 9 月までの 5 年半に 6 万 5265 人が検査を受けたとのことです（読売新聞 2019 年 1 月 4 日付け夕刊）。さらに深刻なことは，学会の指針を無視して検査を実施する，無認可医療ビジネスが急速に拡大しつつあることです。

　こうした検査は「いのちの選別」だとして，優生思想とのつながりを指摘する声も少なくありません。しかし，この検査が拡大する背景には，この検

★　染色体：遺伝情報の発現と伝達を担うもので，DNA 鎖が巻き付いた形状。常染色体と性染色体に分けられる。通常，染色体は同じ染色体が 2 本ずつ対で存在している。染色体の数は種によって数が決まっていて，ヒトの場合は 22 対の常染色体と 1 対の性染色体，計 46 本。常染色体には大きい順に番号が付けられており，21，18，13 は染色体番号。

査を求める妊婦のニーズが高いという事実があることも無視できません。「健康な赤ちゃんが欲しい」「五体満足な赤ちゃんが欲しい」という妊婦（母）としての素朴なねがいを単純に否定することはできません。このような検査を“障害者差別だ”，“優生思想だ”と批判するだけでは，この流れを止めることはできないと思います。

❈ 医療の進歩と遺伝子操作──デザイナーベビーの危険性

　医療テクノロジーの急速な進歩に比例して，胎児の障害・病気への不安や恐れが急速に拡大しています。遺伝子操作により思いどおりの子どもをつくり出す「デザイナーベビー」まで射程に入ってきています。イギリスでは，受精後2週間までの受精卵を遺伝子改変することが許可されています。もちろん「改変した受精卵を母体へ戻してはいけない」「受精後2週間が経ったら廃棄する」と法律で決められてはいますが，それを守れば遺伝子をどう組み換えようが思うがまま……というわけです。

　障害者の人権をどう考えるか，人のいのちをどう考えるか，人間の尊厳という普遍的価値を，今こそひとり一人がはっきりと認識することが求められています（浅井，2013）。制御不能に陥る前に，私たちの力でこの流れを押しとどめなければなりません。

❈ 見えない胎児

　いまでこそ出産は医療化し，産科医療は母体のみならず胎児のいのちをも救う役割を担っていますが，およそ1960年代までは分娩するまで胎児の状態はわからず，医療にできることは妊婦のお腹を触診して胎動を調べること，聴診器で胎児の心音を聴くこと，妊婦の腹囲を測定して胎児の成長を確認することぐらいしかありませんでした。つまり，胎児が「生きているのか」「大きくなっているのか」くらいしかわからなかったのです。胎児の姿

を知るには，残念ながら死産してしまった胎児を調べることしかありません
でした。

❈ いのちの胎動

　1976 年に刊行された『胎児の環境としての母体』（岩波新書）をご存じで
しょうか。この本は，動物発生学者・荒井良が書いたものです。私は大学 3
年次に「心身欠陥学普通講義」（当時はそういう授業科目名でした）の課題
図書として読みました。受精から誕生に至る生理的プロセスの見事な仕組み
に驚くと同時に，胎児が元気に育つための環境という視点で母体をとらえる
ことの大切さを知りました。著者の荒井が発生学者として，サリドマイド児
の父親として，いかに母体が胎児にとって重要であるかを伝えたいという思
いがひしひしと伝わってきました。書名にあるように，胎児と母親は一体で
あること，すべては胎児と母親の共同作業なのだということを強く印象づけ
られた本でした。

　同時期に胎児を扱った新書としては，『胎児の世界』（中公新書，1983 年）
があります。解剖学者の三木茂夫が，胎児標本をもとに子宮内の胎児が生命
進化のプロセスをたどる姿をわかりやすく解説した本です。この本を読んで
ひとつひとつの生命現象の成り立ちを知り，生命活動の巧妙さ，奥深さに圧
倒されたことを覚えています。

　私はこの 2 冊を通して，障害のない状態で生まれることは奇跡に近いこと
だと思いました。

❈「生の技術」と「死の技術」

　それから 40 年あまりの月日が過ぎ，流産により死亡した胎児を通してし
か胎児の姿を正確に知ることができなかった時代から，今や CT や MRI を
はじめとするさまざまな画像診断・検査技術の進歩によって，私たちはより

鮮明に「生きた胎児」を見ることができるようになりました。これらの医療技術は、胎児の病気を発見し、胎児段階での治療に道を拓き、胎児を生かす胎児医療、いわば「生の技術」ですが、他方で重い障害・疾病のある胎児を発見し、そのいのちを選別し、中絶するという「死の技術」にもなりうるものです。つまり、胎児の状態を知る医療技術は、基本的に「生の技術」ですが、使い方によっては「死の技術」にも転化してしまう危険性を併せ持っているのです。

❖ 出生前診断のはじまり

　日本における出生前診断はいつ、どのように始まったのでしょうか。出生前診断という言葉を広い意味で用いるなら、妊娠から出産までの定期的な妊婦健診も含まれることになります。母体と胎児の健康状態を確かめるための診断は、わが国では 1942 年から妊婦検診という名称で行政が関与し、妊産婦手帳を交付する形で実施されてきました。もっとも当時の妊婦健診は、戦争遂行のために屈強な兵士となる健康な赤ちゃんを増やすため（健民健兵政策）のものでした。現在も母子保健法に基づいて母性の尊重と乳幼児の健康増進を図ることを目的として母子健康手帳が交付されていますが、戦前の目的とは大きく異なっています。

　医療技術の発達に伴って 1960 年代から胎児の心拍モニターが導入され、さらに超音波機器の普及に伴い胎児の画像診断も行われるようになりました。そして 1970 年代に入ると、羊水検査が広がり始めました。羊水検査は、妊娠 15 週以降に、少量の羊水を採取し、その中にある細胞を培養して、染色体分析、DNA 診断を行うものです。羊水を調べて胎児のいのちを救う技術であった検査技術が、やがて胎児の染色体を調べる手段となり、染色体異常の多数を占めるダウン症の診断に使われるようになるのに時間はかかりませんでした。

　当時の産科医療の状況を朝日新聞（1972 年 5 月 30 日付朝刊）は「異常胎

児の生命は？　注目浴びる"出生前診断"」との見出しをつけて，次のように伝えています。

　「最近"出生前診断"が注目されはじめた。これは妊娠中の母親から羊水をとって検査し，遺伝的な異常や先天性の異常が見つかった場合は，人工妊娠中絶によって未然に不幸な子どもが生まれるのを防ごうというもの。いわば医学が，胎児の成長を正確にとらえるために子宮内をのぞき込む窓をあけはじめた，といえる。この方法によると，染色体異常などの病気のほか，出生前に子どもの性別さえわかってしまうが，これはまた新しい問題をひき起こしそうだ。『いくら異常があるとはいえ，胎児の生命を抹殺できるのか』という議論だ。」

　羊水検査が抱える生命倫理的な検討課題を指摘しつつも，「不幸な子ども」「いくら異常があるとはいえ」といった書きぶりに，障害者の人権への配慮を欠いた差別な見方をうかがい知ることができます。

◈ 出生前検査の広がり

　1980年代にはリアルモード超音波断層機器が開発され，同時に画像解像度も向上しました。これにより診断精度も格段に向上し，超音波検査は一般産婦人科医院にも普及していきました。1990年代には出生前診断技術がさらに飛躍的に進歩しました。それはDNA診断技術のさらなる向上と母体血清マーカーテスト（トリプルマーカーテスト：旧型出生前診断）の開発です。とりわけ母体血清マーカーテストは，妊婦の血液検査だけという"簡便さ"から出生前診断への心理的抵抗・不安を弱め，広く普及していきました。つまり，この検査によって出生前診断は，気軽，かつ安全に受けられるようになり，生命誕生の風景を大きく変えてしまったのです。そして2000年代から現在に至るまでは，いかに早く，正確かつ簡便に胎児の障害の有無

を診断できるかという，国際的技術開発競争の時代となりました。その結果，技術開発が驚異的なスピードで進み，新型出生前診断が登場するとともに，着床前診断（受精卵診断）の高精度化が進みました。新型出生前診断は医学的には「無侵襲的出生前遺伝学的検査（non-invasive prenatal genetic testing：NIPT）と呼ばれています。

❖ 新型出生前診断（NIPT）とは

　新型出生前診断は母体血清マーカーテストと同じく，母体採血による非侵襲的検査です。あくまでスクリーニング検査であって，診断の確定には羊水検査等が必要です。この検査がメディアを通じて社会的に大きな反響を呼んでいるのは，妊娠10週という妊娠初期から高い精度で染色体異常を検出できるためです。しかし，この検査は先天性疾患のなかの約25％を占める染色体異常（21トリソミー，18トリソミーなど）を対象としたものですので，残りの75％の先天性疾患児は対象ではありません。つまり，生まれてから診断される疾患のほうが圧倒的に多いのです。

　また，この検査は胎児の染色体異常が確率でしかわかりません。つまり，「陽性」という結果がでても，それはあくまで障害の可能性があるということで，実際はそうではない可能性（擬陽性）もあります。その逆もあります。「陰性」の結果が出ても実際は障害がある（偽陰性）という場合です。2012年8月29日付読売新聞朝刊は「妊婦血液でダウン症診断」「精度99％，来月から」と大々的に報じましたが，これは誤解を招くセンセーショナルな表現です。「精度99％」と言いますが，この確率は妊婦の年齢によっても変化するので，一概には言えないものです。

　新型出生前診断の試験導入から8年。ひとつの結果が出ています。NIPTを国内で施行するに当たり，適切な遺伝カウンセリング体制に基づいて検査実施するため，遺伝学的出生前診断に精通した専門家（産婦人科，小児科，遺伝カウンセラー）の自主的組織として「NIPTコンソーシアム」がつくら

れています。そのホームページによると，2018年9月実施分までで，検査を受けた女性は65,265人にのぼり，そのうち1,181人（1.8％）に陽性反応が出ました。その中で羊水検査を行い，異常がなかった者が105人，最終的に妊娠中絶した者が819人，妊娠を継続した者が36人，流産・死産してしまった者が187人という結果でした（https://nipt.jp，2019年9月10日）。

　ここで注目すべきことは，NIPTで確率的に陽性であることを知った妊婦の多くが，人工妊娠中絶を選択しているという事実です。NIPTの結果を受けて，悩みながらも中絶する妊婦の割合がかなり高いことは押さえておく必要があります。

❖ 誰のための出生前診断なのか

　元気で健康な赤ちゃんを産みたい。母親のこの祈りにも似た素朴な感情は，自分のお腹の中の胎児の状態を知りたいという欲求を呼び起こします。お腹の子は男か女か，という性別を問うレベルから，疾病・障害があるかないか，という生命の質を問うレベルに至るまでその思いはさまざまです。上記の結果は，「赤ちゃんのいのちを守りたい」という思いで新型出生前診断を受けている妊婦は少なく，むしろ「赤ちゃんに異常があるかどうか知りたい，そして異常が見つかったら中絶も」と考えている妊婦がかなり多いということを示唆しています。したがって新型出生前診断は，少なくとも赤ちゃんのためではないと言えるのではないでしょうか。

　障害のある子を育てるには，現状では確かに，身体的・心理的，経済的に大きな負担がかかります。これは否定できません。ただ本来は，そういった負担を家族にだけ負わせない，抱え込ませないために社会があるのではないでしょうか。つまり，この社会が家族をうまくサポートできていない，家族にだけ負担を強いる，そういう社会にしてしまっているのは，実は私たち自身なのです。せっかく授かったいのちをないものにしてしまう技術，そんな技術を必要とせず，どんないのちも守り育てる，そういう豊かな社会をつく

りたいと思います。

引用・参考文献

・浅井基文（2013）「人間の尊厳」を考える．みんなのねがい，558号，10－11ページ
・佐藤孝道（1999）『出生前診断』有斐閣選書
・米本昌平他（2000）『優生学と人間社会』講談社現代新書
・河合蘭（2015）『出生前診断』朝日新聞出版
・西山深雪（2015）『出生前診断』ちくま新書
・横山尊（2015）『日本が優生社会になるまで』勁草書房
・山本史華（2018）『日常のなかの生命倫理』梓出版社

9

いのちの思想を深める

❖ いのちを見つめて

　障害の重い子どもたちの発達の「事実」を通して，この子らの存在意義と
その尊厳，そして「発達保障」の実現を目指す試みを社会に問うた療育記録
映画「夜明け前の子どもたち」。この映画の冒頭部分に，三井君の第2びわ
こ学園の入園シーンが映し出されています。その映像に合わせて次のような
ナレーションが入ります（全障研，2003年）。

　　○1967年4月，第2びわこ学園で，ベッドがひとつあいた。一つのベ
　　ッドに入園待ちの子ども100人以上，順番が来て，入園できたのは三井
　　一夫君だった。
　　○はじめに園長が診察する。
　　　かつて健康優良児になったこともある三井君。九年の間，自分の手一
　　つで育ててこられたお母さんは連れて帰れるものならと迷いに迷う。
　　○私たち映画のスタッフは一緒に入園し，一緒に学んでいきたい気持だ
　　った。
　　○解剖承諾書の壁に，私たちは改めて身をひきしめた。もちろん強制し
　　ないと聞かされ，お母さんはサインしなかった。

　このシーンはあまり注目されていませんが，当時の重症児とその家族，そ

して施設が置かれた厳しい現実を端的に描き出しています。私が特に印象に残っているのは「入園の困難さ」と「解剖承諾書」のことです。このシーンから障害の重い子の「いのち」について考えてみたいと思います。

❖ 100倍の競争率

　6で，重症児施設の看護職員が短期間で辞めてしまい，次の看護職員も集まらず，ベッドがたくさん空いているにもかかわらず入園させることができないなど，黎明期の重症児施設が抱える苦しい運営について述べました。

　この映画が撮影された1967年4月には，児童福祉法の改正により重症児施設が法制化されましたが，まだ民間施設は少なく，国立療養所10か所に重症児委託病棟（1病棟：40床，全480床）が開設されたにすぎませんでした。映画の三井君のように，たとえベッドが空いても入園は100倍の競争率で，基本的に在園者の誰かが亡くならないと入園できないという，あまりにも悲しく厳しい現実があったのです。

　さらに創立10周年（1973年）を迎えたびわこ学園では，職員確保の困難と財政問題で，新しい入園者を迎えるどころか，「在園者の三分の一を家に戻す」と決めざるを得ない状況に追い込まれました（高谷，2011）。職員が足りず，労働環境が悪化し，腰や腕を壊しても倒れるまで働かざるを得ない状況は「療育」実践の基礎を掘り崩し，最低限の介護業務をこなすだけの「飼い殺し」実践に陥る危険性をはらんでいました。それでも園長，職員が一体となって行政，マスコミに働きかけた結果，在園者の強制退院はなんとか避けることができました。

❖ 求められた解剖承諾書

　三井君の入園時に登場する「解剖承諾書」。私は大学3年次に「夜明け前の子どもたち」の自主上映会でこのシーンを見たときの驚きを覚えていま

す。やっと入園できることになった施設の入園手続きとして「解剖承諾書」を求めるのはどうなのか。三井君のお母さんが悩みながらもサインしなかったのは当然ではないかと思いました。

　入園時に解剖承諾書の提出を求めたのはびわこ学園だけではありません。島田療育園でも入園の際に，解剖承諾書が求められました。国立療養所でも「研究承諾書」という形で，同様に解剖承諾書をとっていました。これには次のように書かれています。

　　　「貴所に入所中の右の者について治療と研究のための各種の検査をすること及び万一不幸の事態が生じましたときは医学の進歩と残されました不幸な同疾病者のために　　…（中略）…解剖されることに依存がありません。」(国立西多賀療養所，1967)

　こうした手続きはのちに廃止されましたが，島田療育園では開園後約1年半の間に，20人の園児が亡くなっていて，その全員が解剖されています。死因の多くは「気管支肺炎」で，死亡時年齢をみると，15人が3歳以下でした（小林，1964）。

　これから新しい生活が待っているという期待にあふれた入園時に，強制ではないとはいえ，わが子の死を予定した文書にサインを求められる保護者の思いは複雑だったはずです。

　たしかに医療の立場からみれば，死後解剖が重症心身障害医療という新たな分野を開拓し，医療技術向上のための新しい知見を得るために必要な処置であることは理解できます。しかし，それはいのちを守るための処置をとことん行った結果として理解できるものであって，入園時ではありません。

❖ 入園時の不適応反応

重症児施設が開設された当時，障害の重い子どもたちはたしかに短命でし

た。成人を迎えられる子は少ないと考えられていました。島田療育園長の小林提樹は当時を振り返り，次のように語っています（小林，1975）。

> 「自分の小児病棟に蓄積した動けない重い障害の子どもたちは長くは生きられないだろう。せめて医師のみているところで死なせてやりたいと思って，病院形態の施設を作ることを主張した。」
> 「重障児の死亡率は非常に高いものです。そして高いばかりではなくて，人生自体が短いのです。重ければ重いほど短いのです。それで私たちは一応一つのヤマを四歳ぐらいのところにおいて考えています。ここらへんで亡くなる方がかなり多いのですから。」

　入院してきた重症児がまもなく相次いで亡くなる事態が起こり，担当医師たちはそれを途方に暮れる思いで見つめていたそうです。親密な愛着関係を形成していた父母と分離され，ただひとりまったく異なる環境に放り込まれた重症児のこころの痛み，不安と動揺に気づいた者はほとんどいませんでした。分離不安は重篤な身体症状としてあらわれ，時にはいのちを奪うこともあります。この子らも家族との間で強いきずなを形成していることに，当時の医療関係者は気づきませんでした。比較的高い認識レベルにある重症児ほど，強い不安反応がでることを知らなかったのです。島田療育園で児童指導員をしていた明神もと子は，入園直後の不適応反応がもっとも用心しなければならないことだったと述べています（明神，2015）。

　秋田からの「おばこ天使」集団就職（[6]）のきっかけとなった重症児，哲夫ちゃんも生活環境の変化に対応できず，入園後わずか1年半で亡くなっています。

❈ 小林提樹による「第五の医学」

　1971年の日本医学会総会で，重症児問題のシンポジウムが開催されまし

た。シンポジストの一人として登壇した島田療育園長小林は，医学を5つに分類し，第一が健康増進医学，第二が予防医学，第三が治療医学，第四がリハビリテーション医学としたうえで，重症児医学は「第五の医学」だと述べました。さらにこの「第五の医学」は，「生命保持医学」，「生命医学」，「死の医学」であるとも言っています。

　小林は，日赤産院時代に厚生省から子どもたちへの健康保険の適用停止，医療扶助の停止を受け，重症児のいのちさえ守れないかもしれないぎりぎりの状況をくぐりぬけてきた医師です。その小林が重症児のいのちを守ることを第一に置くことは，十分納得できるものです。しかし小林は，障害児の生命的予後を考えれば，治療や看護の限界もおのずからわかるので，「ここにあるのは生命を守ってあげるというまったくの最底辺の看護が主体」になると述べています。つまるところ「第五の医学」は「いのちを守るだけの医学」ということになり，これは発達保障の立場からは受け入れがたいものです。当時，京都吉祥病院の医師であった高谷清は，小林の「第五の医学」を次のように厳しく批判しました（高谷，1975）。

　　「『生命保障の医学』が『生命だけを保障する医学』という意味ならば，それは「ただ死んでいないというだけの意味で，生きているということになりかねない」
　　「重症児は『生きる屍』『死に近づくだけの人生』であり，いかにその死を安らかに迎えさせるかということになっていきかねません。」

　小林は「看取り」という言葉をしばしば用いていましたが，医師や看護師に看取られて死ぬことが，本人や保護者の真の願いであったか，むしろそのねがいは，当時の障害の重い子どもたちを取り巻く貧困な福祉政策のもとで，せめてものねがいとして絞り込まれたねがいだったのではないでしょうか。そうでなければ，重症児医療は「看取るための医療」「親の救いのための医療」となり，重症児施設は「看取りのための病院」になってしまいま

す。

◈「選択的医療」：治療に値しないいのち

　小林の評伝などでは，「第五の医学」について，現在の生命倫理，尊厳死，ホスピス活動等のつながりを見出し，「選択的医療」のさきがけとして再評価する向きもありますが，私は医療者としての小林の思想的限界だったと考えています。しかしこれは，小林の重症児医療・福祉の開拓者としての功績を何ら減じるものではありません。すべての医療から見放されていた重症児とその家族の思いを受け止めた医師は，この時代，ほとんどいなかった事実を忘れてはなりません。「法の谷間」に置かれた重症児の問題を社会に提起し，施設づくりに取り組んできた実践的ヒューマニストである小林をして，ここまで追い込んでしまった社会の貧困な福祉政策こそ，厳しく問われなければならないと思います。

　近年，出生直後から気管切開を受け，人工呼吸器を装着し，意識ははっきりしないが，ときに反応らしきものが認められる，そんなふうに"元気に"生活している超重症児が増えてきています。たくさんの医療機器に囲まれた生活が日常の風景ならば，「選択的医療」の導入は「死に向かわせる」圧力として作用しかねません。「選択」は大切と言い，また人権尊重を装いながら，実は重症児を"治療に値するいのち"と"治療に値しないいのち"に線引きし，切り捨てる議論につながるのではないかと危惧しています。

引用・参考文献

・全国障害者問題研究会（2003）『完成台本　療育記録映画　夜明け前の子どもたち』，全障研第37回全国大会（滋賀）田中昌人記念講演資料
・高谷清（2011）『重い障害を生きるということ』岩波新書
・小林提樹（1975）『福祉の心』自費出版
・明神もと子（2015）『どんなに障害が重くとも—1960年代・島田療育園の挑戦』大月書

┈ Column ③　療育記録映画「夜明け前の子どもたち」 ┈

　「夜明け前の子どもたち」は，1967 年 4 月から翌 68 年 2 月にかけて，第一びわこ学園と第二びわこ学園の取り組みを撮影した記録映画です。

　こんなナレーションから始まります。

　「わからないことが多すぎる。しかしこの子どもたちも，人に生まれて人間になるための発達の道すじを歩んでいることに変わりはない。そう考える人たちがいる。障害をうけている子どもたちから，発達する権利を奪ってはならない。どんなにわからないことが多くても，どんなに歩みが遅くても，社会がこの権利を保障しなければならない。そう考える人たちがいる。」

　そして，「びわこ学園の療育活動に映画が参加することになった」と言い，一貫してカメラをまわす側の視点でナレーターが語りかけます。

　映画といっても，シナリオどおりに被写体を撮ったものではありません。撮影したフィルム，録音した音声を，「園」と「映画」の人びとが一緒になって見直し，聞き直して，子どもたちが表す行動の意味を理解して，さらに撮影を進め，編集を行いました。そうした制作プロセスを経て，「わからないことが多すぎる」障害の重い子どもたちも人間発達の道すじを少しずつ歩んでいることを明らかにしていこうとしていました。

　完成した映画は，自主的な上映会などで広がっていきました。

　制作から半世紀をへた今日も，障害のある子どもたちの発達と教育について考えようとする人びとの学習の場で上映が続いています。

　監督　柳澤寿男　　監修　糸賀一雄

　製作委員会委員長　田中昌人

　上映時間　2 時間

店
・国立西多賀療養所（1967）『重症心身障害児（者）の手引き　第 2 集』
・小林提樹他（1964）重症心身障害児の解剖経験．小児の精神と神経，第 4 巻 3 号
・高谷清他（1975）『障害者医療の思想』医療図書出版社

第3部

重い障害のある子どもと
家族の生活を支える

10

新生児医療の現場から
── NICU 長期入院問題

❖ 出産の風景

　近年，周産期・新生児医療の進歩に伴い新生児の死亡率が減少し，出産予定日より早期に小さな体重で出生した子どもたちの多くが生存できるようになってきました。出生体重が小さい赤ちゃんは，からだのさまざまな機能が未熟なため，呼吸障害，心不全，消化管穿孔などが起こりやすく，以前は救命は困難でした。1960 年代の救命率は 10 ％未満でしたが，2000 年代になると 80 ％を超えるようになりました。その結果，子どもの出生数が年々減少し 2019 年の出生数は 90 万人を割ってしまっているのですが，7 で述べたように全出生数に対する低出生体重児が占める割合は増加しつつあります（図5）。

❖ 出生時体重 300 g 未満の赤ちゃん

　2018 年 8 月に慶應大学病院で生まれた体重 268 g の新生児が成長して，3,238 g になり，2019 年 2 月に無事に退院したと報道されました（読売新聞，2019 年 2 月 27 日付朝刊）。病院によると，妊娠 24 週でへその緒の血流が弱くなったことから，帝王切開で誕生したということです。

　赤ちゃんは両手に収まるくらいの大きさで生まれ，約 6 か月間，新生児集中治療室（NICU）で呼吸や栄養の管理をしたところ，大きな病気もなく元

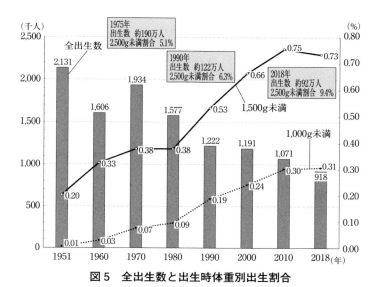

図5 全出生数と出生時体重別出生割合

　気に退院したということです。この赤ちゃんは，元気に退院した男の子とし
ては，世界で最も小さく生まれた赤ちゃんだそうです。

　体重1,000 g以下の超低出生体重の男児は，肺の発達が遅いなどの理由
から，女児よりも救命が難しいとされています。この男の子も肺の機能が不
十分で，人工呼吸器で酸素を確保し，栄養管理はへその緒から点滴で行った
後，チューブで母乳を胃に入れたそうです。

　世界で小さく生まれた赤ちゃんの情報を集めた，アメリカのアイオワ大学
のデータベース（The Tiniest Babies）によると，体重300 g未満で生まれ
て元気に退院した赤ちゃんは，世界で23人報告されていますが，そのうち
男児は4人だけで，これまで最も小さかった男の子は2009年にドイツで生
まれた274 gの赤ちゃんだったそうです。

　このニュースは，日本国内のみならず，世界各国でも大きく報道されまし
た。さらにこの2か月後の2019年4月には，長野県立こども病院で2018年
10月に生まれた体重258 gの男児が3,374 gになり，無事退院できる見通
しになったと報道されました（朝日新聞デジタル，2019年4月19日）。

　こうした成果は，日本の周産期児医療・新生児医療の水準の高さを改めて世界に示したものです。しかし，体重1,000g未満で生まれた赤ちゃんすべてが元気に退院できるわけではありません。発達障害や神経学的障害の合併リスクが高く，知的障害や脳性麻痺を伴うことも少なくないのです。

❖ 早産児の成育限界

　低出生体重児の出生率が上昇している背景のひとつに，不妊治療による双胎児が増え，妊娠期間の継続が困難なケースを含め，早産児が増えていることがあります。早産児とは在胎週数が37週未満で生まれた児のことです。早産児の生育限界（生まれてくることができる限界）は，現在の日本では厚生省事務次官通知（1996年）により在胎22週とされており★，おなかの中にいた期間は満期産児の半分ぐらいです。在胎22週で出生すると出生体重は平均470g程度で，身体のあらゆる器官がとても未熟です。それでも，慶應大学病院の事例のように，最適な医療的管理ができれば300g以下でも元気で退院できるのです。

　子宮外での生存が可能な「生育限界」と神経学的後遺症がなく成長・発達が可能な「成育限界」とを区別すべきだという議論があります。「生」育限界とは体外で生きることのできる限界を意味し，なんとか生命を維持できる限界です。それに対して「成」育限界とは子宮外で神経学的後遺症がなく成長・発達できる限界とされています。一般には「成育限界」が用いられることが多いようです（仁志田，2015）。

　「生育限界」，「成育限界」，いずれにしても重要なことは，その限界がその時々の新生児医療技術の水準により左右されるものだということです。限界基準の判断は，最高度の医療的管理をした上での限界であり，必ずしもすべ

★　母体保護法の施行について（事務次官通知，厚生省発児第122号，1996年9月）　第二　人工妊娠中絶について。法第二条第二項の「胎児が，母体外において，生命を保続することのできない時期」の基準は，通常妊娠満二二週未満であること。なお，妊娠週数の判断は，指定医師の医学的判断に基づいて，客観的に行うものであること。

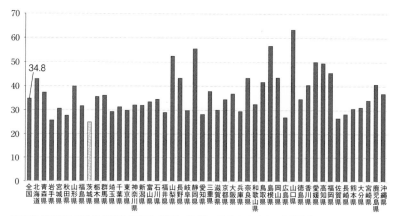

平成29年度厚生労働省 医療施設調査（動態・静態）・平成29年度人口動態統計

図6　都道府県別出生1万あたりのNICU病床数（2017年度）

ての妊娠22週以降に生まれた児が生存できることを意味するものではなく，健康に成育する可能性（intact survival）が50％以上あるという意味にすぎません。法律的には，成育限界は22週ですが，25週を越えると健康に育つ確率は急に上がり，8割以上になってきました。

❖ 周産期医療体制の整備

　厚労省では，リスクの高い妊産婦や新生児等に高度な医療が適切に提供されるよう，地域における周産期医療の中核となる総合周産期母子医療センター及びそれを支える地域周産期母子医療センターの整備を進めています。NICUについては出生1万人あたり25～30床を目標としています。

　その結果，全国でNICUの病床数は2002年には2,122床でしたが，2017年には3,289床に増加しました。最も整備が進んでいる県は60床を超えている山口県ですが，30床に達していない県がまだ多く残っています。このようにNICUの病床数は自治体によって大きな格差があります（図6）。

　新生児医療・周産期母子医療は，各県ごとに基幹病院と指定病院があり，連携システムの整備が進められてきています。例えば，1980年代から新生児搬送システムから周生期救急医療システムを整備した神奈川県，多施設をネットワークでつなぐ地域共同型の新生児相互援助システムを整備した大阪市・大阪府，NICUをもつ病院が県を越えて母体・新生児搬送をネットワーク化している東京都と埼玉県のような広域連携システム等がありますが，地方によってはその整備が遅れています。

◈NICU 入院児の増加と入院期間の長期化

　2006年8月に起こった妊産婦が救急病院等での受け入れ拒否により死亡した事件を受けて，厚労省は2009年3月に「周産期医療体制整備指針」（医政局長通知）を制定しました。この指針に基づき各都道府県では「周産期医療体制整備計画」を策定しています。

　各県では計画的にNICUの増床が進められていますが，入院児の増加に追いつかない状況が続いています。特に近年，ハイリスク妊産婦や低出生体重児の増加によって，NICUに長期入院する新生児が増加しています。主な入院児は1,500g未満の極低出生体重児や1,000g未満の超低出生体重児です。2013年の厚労省調査によると（厚生労働省，2013），総合周産期母子医療センターの約7割でNICUの病床利用率が90％を超えていて，新生児の搬送受け入れ困難な理由として「NICU満床」と回答したセンターは約9割となっています。

　NICUに1年以上入院している長期入院児については，2011年の厚労省調査によれば，2006年をピークに減少傾向で入院期間の短縮も認められたものの，年間約200例が長期入院を続けていて，これは出生1万人当り約2例の発生率となります（楠田，2011）。また，長期入院児の50％は受け入れ施設，あるいは在宅支援体制の整備不足によりNICUでの長期継続入院を余儀なくされていると指摘しています。また同調査によれば，長期入院の原因とな

った基礎疾患は，先天異常が最も頻度が高く，次に極低出生体重児，新生児仮死，染色体異常の順となっています。

　NICU を退院したくても呼吸の管理など慢性的に医療を必要とし，かつ地域の在宅医療を支えるシステムの整備が遅れているため退院できないのです。NICU の退院をめぐる家族の不安は大きく，在宅移行支援システムの整備が強く求められています。慢性的に医療を要し帰宅できない，もしくは帰宅しても在宅で適切な医療や福祉サービスを受けられない状況は，全国的な問題となっています。

　現在の新生児医療は，医療テクノロジーの進歩と医療関係者の努力により，たくさんの新生児を助けられるようになりました。それによって成育限界も次第に下がってきていますが，これは何 g の新生児を助けることができたという記録をつくる競争ではありません。小さないのちの灯を守りたいという両親の切実な思いを受け止めた医療関係者の努力の賜物と言えるでしょう。今後は，医療関係者と家族の連携の下で，こうした子どもたちの病院から在宅生活への移行や退院後の家族の生活を支えていくシステムづくりが重要な課題になってきています。

引用・参考文献

・読売新聞「268 グラム赤ちゃん，元気に退院」，2019 年 2 月 27 日付朝刊.
・朝日新聞デジタル「世界最小 258 g の男子，元気に退院へ　今は 3374 g」2019 年 4 月 19 日.
・仁志田博司（2015）世界に冠たるわが国の超低出生体重児医療.『わが国の近代新生児医療発展の軌跡—その来し方，そして未来へ』165‐174 ページ，メディカ出版
・厚生労働省（2013）周産期医療体制に係る調査（平成 25 年 11 月地域医療計画課調べ）
・楠田聡（2011）NICU 長期入院児の動態調査：重症新生児に対する医療・療育環境の拡充に関する総合研究　平成 20 〜 22 年度，厚生労働省，2008‐2010，150‐153 ページ

11

家族を支える在宅移行支援

❖NICUから家庭へ

　NICU 長期入院児の 98 ％は重症心身障害児であり，医療依存度の高い超重症児が 77 ％との報告があります。こうした重い障害のある子の NICU 退院後の選択肢としては，①在宅生活への移行，②施設療育への移行，③小児科病棟での継続入院があります。家族はこのうちどれかを選択することになります。現実に NICU から在宅への移行は容易ではありません。それは家庭で医療的ケアを継続することの難しさとともに，子どもの障害を受けとめることが家族にとっては大きな課題となるからです。とはいえ，多くの家族は，結果として在宅生活へ移行することになります。たとえば，関西 8 府県で超重症児の実態を調べた調査によると，在宅生活をしている児は全体の 70 ％を占めていました（杉本他，2008）。

　全国 NICU の長期入院児発生数調査では，呼吸管理を受けて退院した児は，2010 年に年間 205 例，2011 年に年間 296 例，2012 年には年間 382 例と急増し，退院後の生活の場の 3 分の 2 は自宅でした（田村，2012）。つまり，十分な支援体制がないにもかかわらず，高度な医療を必要とする低年齢の重症児，つまり超重症児が地域で暮らすことが稀ではなくなってきたのです。こうした児は在宅移行後も入退院を繰り返すことが多く，在宅生活が困難となれば施設入所が検討されます。しかし，新規入所が可能なケースは少なく，大きな不安を抱えたまま在宅生活を続けざるを得ない状況が生まれてい

ます。

❖ 重症児の在宅生活をとりまくケアシステム

　高度な医療的ケアを必要とする重症児を抱える家族の日々の暮らしを支えるには，長期的かつ安定的なケアシステムを構築することが重要です。その際，24時間体制で医療機器の管理，病院への通院，看護師や介護ヘルパー派遣のコーディネート，きょうだい児の育児・教育など家庭生活のすべてを担っている家族（養育者）の身体的・精神的負担をどこまで軽減できるか，地域の福祉サービスメニューをいかにアレンジできるかがポイントになります。医学の進歩に伴い，高度な医療的ケアを必要とする在宅の重症児が急増しており，在宅の重症児を取り巻くケアシステムは，そのニーズに応じて大きく変わりつつあります。

　子どもの在宅生活を支えるサービスメニューとしては，訪問診療，訪問看護，訪問介護，家族のレスパイトサービス，重症児施設短期入所（ショートステイ★）などがありますが，地域間格差が大きく，希望する医療・福祉サービスを受けることが困難な地域が少なくありません。

　またこうしたサービス利用全体をコーディネートするシステムも未整備であり，家族の負担が大きくなっています。

　2012年の児童福祉法の改正により，障害児者の入所施設は医療提供の有無により医療型と福祉型に分けられ，重症心身障害児施設や重症心身障害児（者）通園事業という名称は制度上なくなりました。また，通園事業や入所施設は18歳未満では児童福祉法，18歳以上は障害者総合支援法に規定され，児童の入所は医療型障害児入所施設，成人期は療養介護事業に一元化されました。通所は，児童であれば児童発達支援センター（医療型，福祉型），成

★　ショートステイ：家族の病気や出産，冠婚葬祭をはじめとする事情により，介護ができなくなった場合に一時的に入所施設等を利用する制度。短期入所ともいう。ホームヘルプ，デイサービスとともに地域生活を支える柱となる福祉サービス。利用する施設や日数をあらかじめ決めておかなければならない。重症児が利用できる施設は不足している。

人期であれば生活介護に一元化されました。こうした改革の背景には，すでに述べたように濃厚な医療を必要とする超重症児や準超重症児が急増していることがあります。

　重症児の暮らしを支えるためのケアシステムは，医療，療育，教育，福祉など幅広い分野とのつながりが必要であるにもかかわらず，法制度が複雑で相談窓口さえわかりづらいといわれています。高齢者の介護保険にあるようなケアマネージャー（コーディネーター）もいないため，地域資源を活用した福祉サービスメニューをどう組み合わせればいいのか，家族の悩みはつきません。

◈「カルガモの家」の取り組み

　家族の心理的・物理的負担を考えると，濃厚な医療的ケアが必要な場合には在宅医療の選択は困難であり，このような子どもたちを受け止めることのできる地域資源は，重症心身障害児施設（医療型障害児入所施設）かNICUのある病院の一般小児病棟しかありません。家族が幼少期での施設入所を希望することは少なく，そもそも医療型障害児入所施設にはショートステイ以外に対応できる空きベッドはおそらくありません。そうすると，NICU退院後は在宅生活しかなく，在宅生活へスムーズに移行できる支援システムの整備が求められています。

　埼玉県川越市にある「カルガモの家」はNICUから在宅生活への移行支援に取り組んでいます（奈須，2018）。「カルガモの家」開設当時の埼玉県の状況は，NICUから退院したくても，3歳未満の障害児が利用できる施設がなく，また在宅移行支援サービスも整備されていませんでした。このため，NICU利用児の多くは医療機関で入院を継続するしかありませんでした。そこで2013年4月，NICU退院児の在宅移行支援を行う中間的施設として，NICU退院児やその家族に対して，急性期医療とは異なるニーズに応える医療型障害児入所施設「カルガモの家」が開設されました（図7）。隣接する

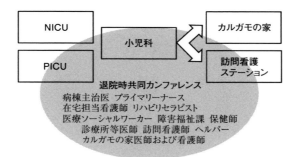

図7　在宅移行の流れ

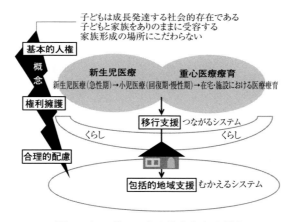

図8　カルガモの家の基本となる概念

（図7，図8ともに，奈須，2018より引用）

　埼玉医大川越医療センターには総合周産期母子医療センターが設置されており，NICU 60 床を有しています。この周産期母子医療センター退院児の利用を想定し，呼吸器管理等の高度医療を担うセンターとして「カルガモの家」が開設されました。

　「カルガモの家」は，「医療的側面は新生児医療と重心医療が融合した医療を提供し，かつ福祉的側面では，生後病態が安定した状態であれば育児と家族形成を支え，子どもが育つ場として整備」（奈須，2018）されています。

その特徴は重い障害のある子と家族の権利擁護の視点が明確に位置づけられていることです（**図8**）。

「カルガモの家」の医師・奈須康子さんによれば，NICU からの卒業は，家族にとっては，在宅で医療支援が受けられるのか，どのような福祉サービスを利用できるのか等，不安な子育てのはじまりだと言います。さらに奈須さんは，家族による障害のあるわが子の受け入れの課題も指摘しています。わが子を受け入れること，受容することの難しさを背景に，愛着形成不全や家族機能不全が生じることがあるとのことです。

奈須さんは，こうした在宅移行施設の重要な役割として，①子どもの育ちを支える生活環境，②家族形成を見守る環境の提供の2点を挙げています。そして，「生活リズムを整え，環境調整により状態の安定化をはかり，成長発達に応じた時間の流れにスタッフが寄り添い，育ちを支える」ことの大切さを強調しています。精神的に安定した家族関係のもとで，子どもたちの発達初期の人格的な育ちをともに見守ってくれる，支えてくれるスタッフや組織の存在は，家族にとって大きな力となるに違いありません。

❖ 家族が子どもと幸せな時間を過ごすこと

奈須さんによれば，在宅移行を考えている家族にとっては，後遺症や育児への不安，療育施設やレスパイト施設の不足，そして在宅支援を提供できる社会資源の不足などの不安があります。「カルガモの家」開設前，不安なまま在宅生活に移行した家族は，レスパイト先もなく，医療依存度の高いわが子の「子育て」を楽しむこともできず，24時間の「介護」に疲れ果てていたとのことです。

そこで「カルガモの家」では，同敷地内にある医療センター小児科とセンター内の周産期母子医療センターと連携して「移行会議」をもち，在宅移行に向けたプランを検討します。在宅移行となったケースは，短期入所先として「カルガモの家」を利用し，移行に時間がかかるケースは，小児科病棟を

―――― **Column ④　ろう重複障害児と家族を描いたマンガ** ――――

　1993 年から足かけ 4 年にわたって, 『ビッグ・コミック』誌（小学館）に, 埼玉県のろう学校を舞台にしたマンガ『どんぐりの家』（山本おさむ作）が連載され, 注目を浴びました。

　同作品には, 聴覚障害と知的障害を併せもつ子どもを中心に, 不就学の実態, 家族の苦悩, 教室での教材に工夫を凝らして実践を模索する教師たちの姿などが描かれています。卒業後の行き場もなく在宅生活になってしまう実態にも迫り, 保護者や教師たちが力をあわせて「共同作業所」をつくりだしていく道程は, リアリティあふれるものです。重複障害児・者問題を幾重にも描いた貴重なこの作品は, 1997 年, 同名でアニメーション化されています。

利用した後に「カルガモの家」を経由して在宅移行をめざします。プランの実施にあたっては, 「施設内で家族の時間を大事にするプランに基づいて」, 「家族の受容過程や気持ちの変化, 家族構成や生活状況の変化に寄り添いながら」, 繰り返しあせらず時間をかけて取り組むことを大切にしています。

❖ 家族の設計図を書き直す作業

　NICU 移行期にある家族は, わが子の障害を受けとめていくプロセスにあり, 「障害児のいる家族」形成の途上にあります。家族によっては, わが子の重い障害を受けとめきれず, 養育意欲をもてずにいる場合もあるでしょう。子どもが生まれたらこんな家庭にしたいという思いやねがい, つまり家族としての設計図はどの家族にもあるはずです。生まれた子の障害は, 少なからずその設計図の書き直しを求めてきます。その書き直し作業に寄り添い, この時期の家族を支えることは, 弱った家族機能を強化し, その後の家族としての成長につながるはずです。

　奈須さんが指摘しているように, 現行制度では入院中あるいは入所中は在宅支援を体験することができません。在宅となった場合にどういう暮らしが

待っているのかを仮体験することなしに在宅へ移行することに，多くの家族がためらい，とまどうことは当然のことです。在宅移行期の支援を担う施設とケアシステムの充実が求められています。「カルガモの家」のような地域ごとの小さな取り組みが全国で共有され，地域格差のない支援体制の整備が望まれます。

引用・参考文献

・田村正徳（2012）重症の慢性疾患児の在宅での療養・療育環境の充実に関する研究．厚生労働科学研究「重症の慢性疾患児の在宅での療養・療育に関する研究」平成20〜22年度，1‐11ページ
・梶原眞人他（2009）障害者自立支援法下での重症心身障害児等に対する施設サービスの効果的な在り方に関する研究．平成18年度，19年度新生児病床長期入院児の実態調査
・杉本健郎他（2008）超重症心身障害児の医療的ケアの現状と問題点──全国8府県のアンケート調査．日本小児科学会雑誌，112巻，94‐101ページ
・奈須康子（2018）NICU卒業児の在宅移行支援．障害者問題研究，第46巻1号，32‐37ページ

12 医療的ケア児を支える

これまで，低出生体重児の増加とそれに伴う NICU（新生児集中治療室）入院児の増加と入院期間の長期化，そして在宅生活への移行支援について取り上げてきました。ここでは在宅となった重症児とその家族が抱える困難として，また通常学級に在籍しながら医療を必要とする子どもへの対応として，近年マスコミでも大きく取り上げられ，社会的関心が高まっている医療的ケアのあゆみと最新動向を紹介し，いくつかの課題を指摘したいと思います。

◈ 学校における医療的ケアのあゆみ

学校における医療的ケアの課題は，1980年代後半から東京や大阪などの大都市圏を中心に顕在化してきました。重い脳障害のために，食べたり，飲み込んだり，呼吸する機能が弱くなり，鼻腔からのチューブで栄養を摂ったり，のどの痰を機械で吸引する必要のある子どもたちが入学してきたのです。これらの行為は，家庭では，医師（主治医）の指示のもとで家族が日常的に介護として行っているもので，病院での医行為と区別され，生活を援助するために必要な「医療的ケア」と呼ばれています。

問題が顕在化してきた当時，肢体不自由養護学校を中心に，医療的ケアを必要とする児童生徒が増加するなかで，これらを校内で実施してよいのかどうかを含めて，学校としての対応が課題となりました。横浜市や宮城県など

研修を受けた教員による実施や看護師の派遣による対応を試みた自治体があ
りましたが，「医行為」を教員が行うことに対する法律的医学的整理や看護
師配置に伴う財政負担が問題となりました。

　1998（平成 10）年から文部省（当時）によって，学校における「医療的
ケア」に関する調査研究及びモデル事業が行われました。その結果，看護師
が常駐し，看護師の指示のもとで教員が一部行為を行うモデル事業方式がも
っとも安全で教育効果があり，保護者の負担も軽減できると評価されまし
た。調査研究の成果を受けて，2004 年から教員が喀痰吸引や経管栄養の一
部を行うことについては，当面のやむを得ない措置として許容されました
（法的には「違法性阻却」と言います）。

　折しも在宅や施設の中でもホームヘルパーによる医療的ケアを求める声が
高まっていたため，こうした措置は特別支援学校だけでなく在宅や施設の介
護職員等についても認められました。これ以降，全国の特別支援学校では看
護師を配置し，教員と看護師の連携による医療的ケア実施体制の整備が徐々
に進められてきました。

　2012（平成 24）年 4 月からは，一定の研修（3 号研修）を修了し，痰の吸
引等の業務の登録認定を受けた介護職員等が，一定の条件のもとで特定の医
療的ケア（痰の吸引と経管栄養）を実施できることになりました。これは高
齢社会での介護サービスの基盤強化を目的とした社会福祉士及び介護福祉士
法が一部改正されたことによります。これにより学校の教職員についても，
特定行為については，法律に基づいて実施できることになりました。つま
り，ここにきてようやく学校での教員による医療的ケアは，「やむを得ない」
「違法とまでは言えない」行為から「適法」行為になったわけです。

◈ 医療的ケア児

　🔟で述べたように，日本の周産期医療，新生児医療の進展は目覚ましく，
重い病気や障害のある子どもの救命が可能となってきています。生まれたと

表5 学校において医療的ケアを必要とする児童生徒数等の推移 (名)

医療的ケア		2007年度 (平成19年度)	2012年度 (平成24年度)	2015年度 (平成27年度)	2016年度 (平成28年度)	2017年度 (平成29年度)	2018年度 (平成30年度)	2019年度 (令和元年度)
特別支援学校 (幼・小・中・高)	特別支援学校 幼児児童生徒数	6,136	7,531	8,143	8,116	8,218	8,567	8,392
	特別支援学校 看護師数	853	1,291	1,566	1,665	1,807	2,042	2,430
	特別支援学校 実施教職員数	3,076	3,236	3,428	4,196	4,374	4,366	4,645
小・中学校	小・中学校 児童生徒数		838	839	766	858	974	1,163
	小・中学校 看護師数			350	420	553	730	※

※ 幼稚園、小中学校、高校を合わせて1,122名
文科省「特別支援教育に関する調査の結果について」より作成

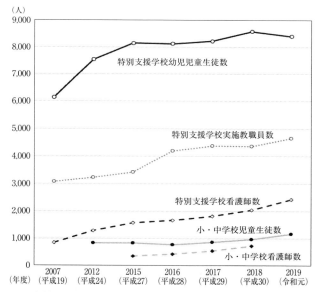

図9 学校において医療的ケアを必要とする児童生徒数等の推移

きからずっと NICU（新生児集中治療室）などでの治療を必要とする子ども
が増えてきています。こうした子どもたちの多くは NICU 退院後もいのち
と健康保持のために濃厚な医療的ケアが必要なことから，"医療的ケア児"
と呼ばれています。この医療的ケア児の中には，歩ける子どももいますし，
「寝たきり」の重症児もいます。また，障害がなく生まれた児でも，新生児

表6　所属学級別医療的ケアが必要な児童生徒数 （名）

幼稚園	小学校			中学校			小・中学校計			高等学校		計		
通常の学級	通常の学級	特別支援学級		通常の学級	特別支援学級		通常の学級	特別支援学級		通常の学級	訪問教育	通常の学級	特別支援学級	訪問教育
222	340	632	972	71	120	191	411	752	1163	67	1	700	752	1

文科省「令和元年度　特別支援教育に関する調査の結果について」（2019年11月1日）より作成

期以降の外傷，脳炎・脳症や病気の進行，虐待によるに傷害等によって医療的ケア児となる子どももいます。全国の医療的ケア児の数は約19,000人と推計されています（平成30年度厚生労働科学研究田村班報告）。

　しかし，こうした医療的ケア児が病院以外で，家族とともに暮らしていることは，長く認知されませんでした。医療的ケア児には，もちろん重い障害のある子が多いのですが，医療的ケアを要する病気を抱えながら"元気で歩ける"医療的ケア児もいて，彼らは障害児としての社会的支援を受けられませんでした。地域に医療的ケアを提供する体制が整っていないため，学校にも行けない時代が長く続いていました。2016（平成28）年6月，ようやく児童福祉法の一部を改正する法律が施行され，医療的ケア児も障害児とされ，現在はそれぞれの地域で医療的ケア児に対する保健，医療，福祉その他の各関連分野の支援体制の整備が進められています。

❖ 学校における医療的ケアの現状と課題

　ここで学校生活に目を向けてみましょう。

　特別支援学校に在籍する医療的ケアを必要とする児童生徒数は，2007年度は6,136人，その後も年々増加し2019年度は8,392人となり，この12年間に2,256人，約37％も増加しています（表5，図9）。それに伴い看護師数も増加し，2007年度853人から2019年度2,430人となり，同期間で3倍に迫るほど増えていることがわかります。同様に3号研修を受けた教員数

も 1,569 人，約 50 ％の増加となっています。小・中学校に在籍する児童生徒数は 2012 年度 838 人，2019 年度 1,163 人であり，微増です。しかし，看護師数は 2015 年度 350 人から 2018 年度 730 人となり，4 年間で 380 人増加しました。

　小・中学校で医療的ケアが必要な児童生徒数の所属学級別内訳をみると，小学校では通常学級に 340 人，特別支援学級に 632 人，中学校では通常学級に 71 人，特別支援学級に 120 人でした（**表6**）。小・中学校では医療的ケアが必要な児童生徒の 65 ％は特別支援学級に在籍していることがわかります。

　小・中学校に在籍する医療的ケア児が増えていない理由のひとつに，看護師数は年々増加しつつあるものの，全国的に地域差があり，地域によっては看護師配置が進んでいないことにあると思います。看護師が配置されていない場合，特定行為以外の医療的ケア，例えばインスリン注射等が自分でできない子どもは，通学不可とされたり，保護者による実施（付添い）が求められたりしています。

※「学校における医療的ケアの実施に関する検討会議」最終まとめ

　前述のように，近年では痰の吸引や経管栄養等の医療的ケアが日常的に必要な児童生徒が，特別支援学校に限らず小・中学校等にも在籍しています。また，人工呼吸器の管理等の特定行為以外の医療的ケアを必要とする児童生徒も学校に在籍するようになるなど，医療的ケアの行為内容が高度化・多様化するとともに，地域の学校で医療的ケア児の教育機会の保障を求める保護者のニーズも高まってきています。しかし，地域の教育委員会ごとに多様化した医療的ケア児への対応が異なっているため，統一的な対応が求められていました。

　そこで，文部科学省では，特定行為以外の医療的ケアを含め，小・中学校を含むすべての学校における医療的ケアの基本的考え方を再検討し，医療的ケアを実施する際の留意点について整理するため，2017 年 10 月に「学校に

おける医療的ケアの実施に関する検討会議（座長・下山直人筑波大教授／同附属久里浜特別支援学校長）を設置し，2019年2月に「最終まとめ」が出されました。

　検討会議では，小・中学校を含むすべての学校を対象として，人工呼吸器の管理などを含むすべての医療的ケアについて検討し，①「医療的ケアに関する基本的考え方」，②「教育委員会の管理体制の在り方」，③「学校における実施体制の在り方」の3点に整理して取りまとめました。ここでは基本的考え方として，学校における医療的ケアの実施においては，「看護師の適切な配置を行うとともに，看護師を中心に教職員等が連携協力して医療的ケアに当たることが必要」と述べています。

　また，医療的ケアに関わる関係者（学校や教育委員会，主治医，保護者，国）の役割分担が整理され，「各関係者が連携協力しながら，それぞれの役割において責任を果たしていくことが重要」としています。保護者との関係については，学校における医療的ケアの仕組みについてわかりやすく説明するとともに，実施可能な医療的ケアの範囲について共通理解を図っておくこと，そして緊急時対応等についてもあらかじめ十分に話し合っておくこととし，日々の情報交換を密にすることを求めています。

　さらに，対応が自治体ごとに異なっている「保護者の付添い」については，「保護者の付添いの協力を得ることについては，本人の自立を促す観点から，真に必要と考えられる場合に限るよう努めるべきである」とされました。2016年度文科省調べによると，公立特別支援学校に在籍する医療的ケア児で，病院併設以外の学校に通う児童生徒5,357人のうち，学校生活において付添いを求められている児童生徒は15.4％（826人）です。また，2015年度文科省調べによると，公立小・中学校に在籍する医療的ケア児839人のうち，学校において付添いを求められている児童生徒は46.2％（388人）となっています。

❖ 医療的ケアで輝くいのち

　医療的ケア児の実態は多様であり，いわゆる重症心身障害児のみならず，活発に動き回れる子どももいます。また，特定行為以外の医療的ケアを求められることも増えてきています。したがって，安全確保を第一としつつも，かつてのような「前例がない」「通学バス利用不可」「泊を伴う校外学習不可」「保護者が原則付添う」等の画一的・硬直的な対応は許されません。どうしたら共に学ぶ態勢がつくれるか，医療関係者，教育委員会，学校が連携協力し，知恵を出しあうことが大切です。

　また学校では，多様化，高度化した医療的ケアへの対応に焦点化しがちですが，あくまでも医療的ケア児一人ひとりの教育的ニーズに応じた対応が基本となります。医療的ケアにより通学日数が増加することで，日々の授業の継続性が保たれ，学習が深まり，教員とのコミュニケーションも豊かに展開することができます。まだ多くの課題が残されていますが，ここでは2点だけ指摘しておきます。

　第一に，看護師配置の拡大と処遇の改善です。今後の医療的ケア実施体制において，看護師の役割はますます大きくなります。必要な人数を確保できなければ，現任者の負担が増大し，2015年に鳥取県の特別支援学校で起きたような看護師の一斉退職といった事態も招きかねません。この特別支援学校では看護師8人で担当すべき仕事を6人の非常勤看護師で担当していたところ，業務に遅れが生じて保護者から苦情が寄せられたことが背景要因とされています。看護師配置に必要な予算措置のほか，学校の教職員として法律に位置づけて身分を安定化し，専任化をすすめるなど待遇面の改善が急務です。

　第二に，担当教員の安定的確保です。研修を受けた教員がいても学校間異動や校内異動等により担当できなくなることがあります。若手教員が増えている中で，特別支援教育の専門性を確保しつつ，医療的ケアのスキルアップ等はかなり困難になってきています。教育委員会・学校には安定的な担当者

確保の観点からの教員異動と計画的・継続的な研修機会の確保が求められています。

引用・参考文献

・文部科学省（2019）『学校における医療的ケアの実施に関する検討会議最終まとめ』

13 超重症児とその家族の成長

❖ 変化する病態──歩く医療的ケア児

　人工呼吸器をつけ，気管切開，経管栄養などの医療的ケア（医療行為）を必要とする子どもというと，従来は低酸素性虚血性脳症などにより「寝たきり」で，ほとんど動けない子どもを指すことが多かったように思います。しかし，近年では重症の先天性心疾患や食道閉鎖症の手術後に酸素吸入，気管切開部の管理，経管栄養，胃ろうからの注入などを必要としつつも歩ける子どもが増えてきています。

　ある幼稚園では，歩けるのですが，先天性心疾患により酸素吸入が必要な子や二分脊椎により導尿が必要な子が入園しています。しかし，幼稚園での看護師配置は困難なので，保護者の付添いもしくは定時来園を求めざるをえません。これが保護者には大きな負担となっています。

　小児医療の進歩は重症児医療の枠を越えた事態を生み出しています。たとえば先天性心疾患児は，新生児期から何度も手術を繰り返すことがあります。その経過中に気管切開や人工呼吸器が必要になるケースもあります。このような子は話すことができ，知的機能は定型発達児とほぼ同レベルで，歩行もやや不安定さはあるものの生活には支障のないレベルにあり，重症児の枠組みでとらえることはできません。

　在宅訪問医療に取り組む前田浩利医師の報告によれば，1999 年から 2015年 3 月末までに在宅医療を実施した 465 人中，大島の分類では枠外となりま

すが，超重症児スコアをつけると 10 点以上になる子どもが 52 人（約 11 ％），
25 点以上となる子が 19 人（約 4.1 ％）もいたとのことです（前田，2016）。
また，医療的ケア児の 33 ％は動ける児だったとの調査報告もあります
（2015 年埼玉県小児在宅医療患者生活ニーズ調査）。

❖ 高度医療依存児

　医療依存度の高い子どもとその家族の暮らしぶりはどのようなものでしょ
うか。

　チャージ症候群と診断された 2 歳 11 か月の盲ろう児は，座位がとれず
「寝たきり」で，気管切開部から痰の吸引が 5 〜 10 分間隔で必要な重症児で
した。目が見えないため睡眠−覚醒の生活リズムが確立せず，昼夜逆転とな
っていました。目が覚めているときの痰が多いので，夜間の吸引頻度が高く
なっていました。日中は母親が痰の吸引を担当し，夜中の 3 時から朝 7 時ま
で父親が交代するという分担でなんとか暮らしていました。小学生の兄姉も
見守り等で母親をサポートしていました。月に 2 回，母親の車で通院治療を
受けていましたが，病院までの 15 分間程度でも痰の吸引が必要になり，路
肩に臨時駐車して痰を吸引する必要がありました。このような生活が 24 時
間，365 日続くのですから，家族の負担は相当大きなものとなります。

　前田医師は，このように高度な医療機器，医療的ケアに依存して生きてい
る子どもたちを総称して，「高度医療依存児」と呼んでいます。こうした家
族を暮らしの近いところで支える医療・福祉サービスの充実が求められてい
ます。ここでの医療とは，いわば「治すための医療」ではなく「生活を支え
るための医療」と言えます。

❖ 家族の不安を受けとめ，孤立をふせぐ支援

　子どもになんらかの障害が残り，継続的な医療的ケアが必要な場合でも，

他のきょうだいのこともあり，一刻も早く家に帰りたいと願う家族もいれ
ば，医療的ケアが必要なうちはできるだけ長く NICU に入院させてほしい
と願う家族もいます。ときには，重い障害のある子どもの存在を受けとめき
れない家族もいます。

　多くの家族は在宅生活への移行に消極的で，まだ準備ができていないなど
の理由で退院を先延ばしにしがちです。これがすでに述べたような NICU
長期入院問題となっています。NICU 入院中は完全看護ですから病院に任せ
ておけば安心な状況ですが，在宅となると，家族，場合によっては母親一人
で対処していかなければならない恐怖感は想像に難くありません。自宅でさ
まざまな感染症を予防できるか，医療機器が正常に作動するか，母親の不安
はつきません。

　「○○を間違いなく操作できるか不安」「家で，私一人で看るのは怖い」
「何かあったらどうしよう」など不安を訴える声が多く聞かれます。病院か
ら在宅へ移行するにあたっては，こうした母親（家族）の不安に応えられる
支援体制を整えておく必要があります。主たる介護者である母親の思いに寄
り添い，時間をかけて受けとめていく必要があります。病院や移行を支援す
る施設のスタッフには，家族の不安を受けとめ，種々のサービス利用をベー
スにした在宅生活のイメージを共有していく共同作業として取り組む姿勢が
求められています。

　2015 年度より障害児相談支援事業が義務化され，福祉サービスを利用す
るためにサービス等利用計画をたて，担当者会議を開催できる相談支援専門
員のサポートを受けられるようになりました。訪問医療，訪問看護，訪問介
護，訪問療育などその地域に密着した訪問型サービスは，ややもすると閉鎖
的で社会的孤立に陥りがちな家族を支える核となるサービスといえます。

　超重症児の小児期は，どうしても親や家族の負担が大きくなります。そこ
で家族にとって多少ゆとりがあり，家族として持続可能な支援プランが必要
となります。ここで考慮すべきことは，①家族の疲れをいやし活力を回復さ
せるレスパイト的な支援，②子どもの状態を的確に把握し，子どもと向き合

う親子関係の形成（再構築）を目指す療育支援，③同じような医療的ケア児を抱えて生活する家族同士を結びつけ，社会的孤立を防ぎつつ子育てに取り組むピア連帯支援等です。

❖ レスパイトサービスの利用

　なお，ここでいうレスパイトとは，在宅で重症児を介護している家族が病気や出産，冠婚葬祭，旅行などの理由により一時的に介護できなくなったとき，短期入所や通所で，医療，療育，生活介護等の支援を受けることを言います。障害のある子を抱えていても，「子育てがしんどい」「もっとゆっくり眠りたい」「たまには旅行に行きたい」「仕事がしたい」といった気持ちは当たり前の要望です。罪悪感をもつことなく，もっと気楽に利用できるようにする必要があります。レスパイトサービスへの保護者ニーズは高いのですが，利用できる病院やサービス提供事業所が整備されてない地域も少なくありません。
　①から③の支援をどう組み合わせていくか，そのバランスがポイントです。母親（家族）にとっては24時間365日の介護ですから，レスパイト目的での重症児を対象とした児童発達支援事業や放課後等デイサービスの利用も可能ですが，母子通園等による親自身の成長，仲間づくりも大切にしたいものです。

❖ 子どもと向き合い，仲間と子育てを楽しむ

　今後，重症児も利用できる児童発達支援事業や放課後等デイサービスが増えていけば，レスパイト目的での利用も増えていくでしょう。レスパイトサービスが重要な家族支援であることは認めつつも，障害のあるわが子と向き合う時間は必要です。先の見えにくい子育てから一時的に逃れるためのレスパイトではなく，むしろ子どもとの時間を楽しめるようになるためのレスパ

イト利用であってほしいと思っています。乳幼児期には愛着の形成，そしてそれを基盤とした親子関係の形成も重要な発達課題です。わが子とどう向き合っていったらいいのか，ゴールが見出せないまま，悩み続ける人は，たくさんいます。

　わが子の障害を受けとめ，成長・発達を喜びながら子育てを楽しめるようになるには時間がかかります。わが子の障害を受けとめるということは，障害のある子の親であることを認めるということです。親が育つのにも，時間がかかります。そもそも障害の受容は階段を上るように一歩一歩進む直線的なプロセスではありません。むしろ障害の否定的感情と肯定的感情が交互に現れ，全体として行きつ戻りつつ，螺旋的に，ときに滞りながらゆっくり進むとされています（中田，2002）。

　かつて，私が特別支援学校の夏の宿泊学習にボランティアとして参加した際のことです。高等部に在籍する重症児のお母さんは，クラスの母親からの相談にのり，レクリエーション企画の責任者を率先して務めるなど母親グループのリーダー的存在でしたが，キャンプファイアーを囲みながら，ボランティアの私と卒業後の進路の話をしていたとき，「娘の今後を考えると落ち込むことがある。もうすぐ成人式だよね」と涙を流していた姿が印象に残っています。障害の受容という点では，すでに乗り越えたと思っていたこの母親の涙を目にして，とまどいつつも「障害受容」プロセスが生涯にわたる作業であり，そのしんどさと奥深さを実感しました。

　保護者によってはわが子の障害を受けとめきれず，子育ての意欲そのものが低下してしまい，わが子の成長・発達に気づかない場合もあります。そのような保護者は児童発達支援センターの利用も希望しないかもしれません。そのままでは孤立を深めるだけですから，まずは訪問看護や訪問療育で社会との接点を確保し，時間をかけて集団療育につなげ，わが子の成長・発達を喜び，仲間とともに共有する体験を重ねていくことが大切です。

　仲間（社会）とつながり，夢や希望を語り合うなかで家族は成長し，その絆が強まり，やがて障害のある子もかけがえのない構成員として家族内に位

置づいていくに違いありません。「この子がいたからこそ，私達家族はひとつになれた」と言ってくれた母親もいました。

引用・参考文献

・前田浩利（2016）「対象となる子どもの特徴」小児科診療，第79巻2号，163－167ページ
・中田洋二郎（2002）『子どもの障害をどう受容するか─家族支援と援助者の役割』大月書店

━━ Column ⑤　在宅生活を支える人工呼吸器 ━━

　体外から酸素を取り入れ，体内から二酸化炭素を排出する「呼吸」という機能は，人間が活動する上での基本となります。重い障害がある子どもの中には，本書で見たように，呼吸機能に障害を負っている場合が少なくありませんので，自発呼吸を補助する役割をもつ人工呼吸器は欠かせない医療機器です。20世紀半ば，人工呼吸器が開発された当初は，身体ごと機械に入って空気圧を調整する大がかりなものでしたが，その後，使用する人の状態や呼吸機能に合わせて改良が重ねられてきました。特に，高齢社会に対応して在宅医療に健康保険が適用された1990年代以降，家庭で使用できる機器が開発され，小型化がすすみました。

　ここに示したフィリップス社の人工呼吸器は，25cm四方程度，約5kgとコンパクトです。外出時にも携帯できる仕様の医療機器は，在宅生活を支える大切なツールです。

写真提供：フィリップス・ジャパン

お わ り に

　本書は，全国障害者問題研究会（全障研）の機関誌『みんなのねがい』に連載（2019年4月号〜2020年3月号，全12回）した「いのち・発達を保障するということ——障害の重い子どもたちから学ぶ」をもとに，重い障害のある子の教育指導を担当する教師のテキストとしても読んでいただけるように，大幅に加筆・修正し，再構成したものです。

　そのため，重い障害のある子を抱えた家族や，これからそうした子どもたちとの教育的かかわりをもとうとする教師に向けて，解説的な記述や学習に役立つコラム等を入れました。実践経験豊富な先生方にはややもの足りない内容になったかもしれません。

　テキストとは言っても，取り上げたトピックスは著者の判断によるものです。1979（昭和54）年の養護学校義務制により，重い障害のある子どもの学校教育が本格化して約40年，全国各地で取り組まれてきた教育実践記録を通して，私は重い障害のある子どもたちから実に多くのことを学んできました。本書では，それらについて「発達」と「生活」に視点を置いて構成しました。

　本書の元になった連載を執筆中，締め切りに追われる私を編集部の黒川真友さんは暖かく励ましてくれました。また，本書をまとめる段階では，事務局の中村尚子さん，櫻井宏明さんから貴重なアドバイスをいただくとともに，コラムや図表の作成でもお世話になりました。本書がわかりやすく，読みやすいものになっていたとしたら，お二人のおかげだと思います。記して，三人への感謝の意を表します。

核兵器禁止条約採択3年目の7月7日に

細　渕　富　夫

細渕　富夫　ほそぶち とみお

1957 年埼玉県生まれ　（学）まつもと幼稚園（さいたま市）園長
東北大学大学院教育学研究科博士後期課程満期退学
博士（教育学）
長野大学，埼玉大学，川口短期大学を経て，現職
研究分野　発達心理学，重度・重複障害児教育，精神医療史
主な著書　『重症心身障害児の定位探索行動の形成』風間書房，『重症児の発達と指導』全障研出版部，『発達障害支援ハンドブック』金子書房（共著），『テキスト肢体不自由教育』全障研出版部（共著），『資料集成精神障害兵士「病床日誌」』（共編）六花出版ほか

本書をお買い上げいただいた方で，視覚障害等により活字を読むことが困難な方のために，テキストデータを準備しています。ご希望の方は，下記の「全国障害者問題研究会出版部」までお問い合わせください。

障害の重い子どもの発達と生活

2020年 8 月 1 日　初版第 1 刷
2023年10月 1 日　初版第 3 刷

著　者　細渕富夫
発行所　全国障害者問題研究会出版部
　　　　〒169－0051　東京都新宿区西早稲田2－15－10
　　　　　　　　　　　　　　西早稲田関口ビル 4 F
　　　　TEL.03（5285）2601　FAX.03（5285）2603
　　　　http://www.nginet.or.jp/
印刷所　株式会社光陽メディア